Paulo Sérgio Teixeira Diniz e Simone Pinto Diniz
Pelo Espírito Clara

Amor e Cativeiro

Aliança

1ª edição, junho/2014, do 1º ao 5º milheiro.

Título
Amor e Cativeiro

Autores
Paulo Sérgio Teixeira Diniz e Simone Pinto Diniz / Pelo Espírito Clara

Revisão
Antônio Roberto de Carvalho

Diagramação
Ariane Haas Franco

Capa
Ariane Haas Franco

Impressão
Rettec Artes Gráficas e Editora Ltda.

Ficha Catalográfica

Dados Internacionais de Catalogação na Publicação (CIP)
(Câmara Brasileira do Livro, SP, Brasil)

Clara (Espírito).
Amor e Cativeiro / pelo espírito Clara;
[psicofragado] Paulo Sérgio Teixeira Diniz e Simone Pinto Diniz
-- São Paulo : Editora Aliança, 2014.

ISBN 978-85-8364-009-7

1. Psicografia 2. Romance espírita
I. Diniz, Sérgio Teixeira. II. Diniz, Simone Pinto. III. Título.

14-04372 CDD-133.9

Índice para catálogo sistemático

1. Romance espírita: Espiritismo 133.9

Editora Aliança
Rua Major Diogo, 511 - Bela Vista - São Paulo - SP
CEP 01324-001 | Tel.:(11) 2105-2600 | Fax: (11) 2105-2626
www.editoraalianca.com.br | editora@editoraalianca.com.br

Sumário

Agradecimento

Nossa gratidão a Juliana das Dores Vieira Marques pela importante contribuição a esta obra.

Prefácio

Prefaciar uma obra de tamanha grandeza constitui tarefa de muita responsabilidade. A vida nos dá oportunidades de escolha, como um dia colocou em versos a poetisa Cecília Meireles: "*Ou isto ou aquilo*". E Paulo Sérgio, pela terceira vez, agora em parceria com a filha Simone, optou por deixar sua marca para o mundo, por intermédio da escrita.

Os autores, em *Amor e cativeiro,* dedicam-se a disseminar a cultura espírita por meio de um romance cativante, que relata a disputa de poder entre duas tribos da África e a dura realidade dos tempos da escravidão, com o tráfico de negros africanos para o Brasil.

Esta obra traz uma história que flui naturalmente, retratando o cotidiano de povos que necessitavam da ajuda de outro plano, devido às constantes guerras. Contém ainda ensinamentos profundos em seu caráter instrutivo de positividade, em meio às mazelas do mundo.

Pai e filha foram escolhidos pela mentora Clara, que os inspira, a repassarem aos leitores momentos de lazer, desfrutando de uma bela história de amor. Tudo isso pautado na Doutrina Cristã que nos remete principalmente ao primeiro mandamento, que prega o amor ao próximo.

O também escritor mineiro Guimarães Rosa definiu a vida como "*Travessia*". Paulo Sérgio e Simone, em *Amor e Cativeiro,* por meio do recurso das palavras, procuram conduzir o leitor a uma travessia em que, na eterna luta amor *versus* ódio, o amor se sobreponha no coração dos homens e contagie uns aos outros com a semente do bem.

Assim como no contexto da narrativa, acredito firmemente que este trabalho um dia (bem próximo!) também alçará voos para outras terras, outros povos e que leve luz, muita luz, por onde passar!

Nívia Ribeiro

Capitulo 01

Na Colônia do Triunfo

Manhã de sol na Colônia do Triunfo. O azul do céu mesclava-se a esparsas nuvens brancas e uma brisa soprava leve e refrescante. Transparecia paz e harmonia naquele local onde o amor fluía com grande intensidade. Apesar do sossego reinante na colônia, nossos irmãos ali residentes não se limitavam à ociosidade. Havia um plano de trabalho, tanto nas tarefas de socorro aos irmãos recém-chegados da Terra, quanto no planejamento das ações, influenciando os que se encontravam encarnados, a fim de minimizar os percalços e os sofrimentos vividos no planeta.

Após uma jornada de trabalho, conduzindo Espíritos recém-desencarnados aos hospitais espirituais, onde lhes eram aplicados passes curativos e água fluidificada, o grupo se reunia para programar novas estratégias, visando orientar os encarnados a viverem de acordo com os ensinamentos do Cristo. Ali chegavam Espíritos mutilados, queimados, procedentes de guerras, principalmente de uma região da

África onde duas tribos disputavam um espaço, às margens de generoso lago; lugar de caça e pesca abundantes.

Uma névoa azulada se formava num extenso salão onde se reuniam Clarisse, Felipe, Júlia e Cláudio e os demais componentes do grupo. Celeste apareceu radiante como sempre, saudando a equipe e desejando que a paz estivesse com todos.

— Meus queridos! É nosso dever concentrar esforços para interromper as atrocidades cometidas por nossos irmãos africanos, que vivem às margens de um grande lago. Trata-se de Espíritos ainda jovens, que necessitam dos rigores da encarnação para começarem sua evolução moral. Mas as ações de guerra empreendidas por eles estão causando revolta naqueles que não aceitam a condição de vítimas, principalmente nos rituais de canibalismo. Esses nossos irmãos, ao verem seus corpos assados nas fogueiras, ficam muito revoltados, uma vez que parte de seus despojos são digeridos por seus vencedores.

— Eles passam a obsidiar os seus algozes, irmã Celeste? – perguntou Clarisse.

— Exatamente, minha querida! E o nosso maior trabalho é fazer com que perdoem.

— É verdade. O processo de dor pelo qual passaram, e que poderia servir para o crescimento espiritual, está sendo motivo de revolta, o que faz com que novos conflitos se estabeleçam no plano físico – Lamentou Joana.

— Nós temos atuado junto aos líderes daqueles povos, para que encontrem uma solução pacífica para a questão.

Mas, a ambição pelo poder e o sentimento de vingança ainda estão muito fortes em seus corações – comentou Inácio.

Nesse instante, Celeste interrompeu, alertando que Espíritos recém-chegados da Terra estavam precisando de socorro. O grupo logo se colocou em serviço. Do lado de fora do portal da colônia, um jovem guerreiro, em situação deplorável, esperava por socorro.

— Onde estou? O que aconteceu comigo? Por que meu corpo está tão dilacerado? E essas queimaduras? Ah! Agora me lembro! Quando me distanciei do meu grupo, fui apanhado pelos inimigos. Covardes! Acertaram-me a cabeça com um machado, aí não vi mais nada até que, após algum tempo, vi meu corpo estirado no chão. Não entendia nada; apenas via sangue, muito sangue jorrando dele. Depois, aqueles covardes o cortaram com grandes facas. Eu tentava defender o meu corpo, mas eles não me percebiam. Em seguida, enfiaram as partes do meu corpo em espetos de madeira e levaram ao fogo. Eu o via assando, mas não sentia dor, apenas revolta; principalmente quando cantavam e dançavam, comendo a minha carne. Saindo dali, passei por uma região de extremo sofrimento, mas, de certa forma, fui poupado das crueldades. Talvez porque sentisse pena dos companheiros que estavam mergulhados na lama fétida daquele lugar. Aflito, orei aos deuses, recebi o socorro, fui resgatado e trazido para cá.

Após o angustiante desabafo, olhou em torno e comentou:

— Quero vingança! Não posso aceitar o que fizeram comigo! Quem são vocês?

Nessa hora, Celeste interveio:

— Calma, meu irmão! Agora está tudo bem. Você foi trazido para a Colônia do Triunfo, onde receberá tratamento e logo estará recuperado.

— Não! Quero voltar às margens do lago e pegar aqueles bandidos. Eles terão de pagar pelo que me fizeram.

— Quando tomamos atitudes de revolta, as coisas só fazem piorar, meu irmão! Você quer voltar para a região de sofrimento do Umbral? – perguntou Celeste, aplicando-lhe um passe sedativo.

Sob o efeito do passe, nosso irmão foi se acalmando até que aceitou ser conduzido para o interior da colônia. Todos se ocuparam do socorro àquele Espírito necessitado, dando início a um lento processo de recuperação. Após os tratamentos de assepsia, Celeste o cobriu com um lençol branquíssimo, de propriedades terapêuticas, e ele mergulhou em profundo sono.

O trabalho de atendimento àqueles irmãos era perfeito! Cada Espírito recém-chegado era socorrido segundo as suas necessidades. Alguns levavam consigo a dor física em grande intensidade; em outros o sofrimento maior era moral e afetivo. Tratamentos adequados eram dispensados de acordo com a necessidade de cada um. Uns necessitavam mais de água fluidificada para amenizar a dor das queimaduras, outros precisavam de passes para as lesões causadas pela revolta.

Cada trabalhador se concentrava onde era mais grave a lesão. Os que apresentavam seus corpos mutilados eram consolados e amparados por abnegados socorristas que sabiam exatamente o cuidado que precisavam dispensar àqueles irmãos. Muitos não conseguiam sequer se arrastar.

Os bons Espíritos que se dedicam a essa nobre tarefa possuem o preparo da medicina espiritual, que não contêm falhas e, por meio da intuição, sabem o medicamento necessário para cada caso. Boas vibrações são emanadas por intermédio de preces de todas as partes; até mesmo de outras colônias, onde novos trabalhadores se preparam para compor novas equipes de atendimento.

No caso dos africanos, enquanto um perfeito trabalho acontecia no plano espiritual, no plano terreno também não era diferente. Centenas de trabalhadores desencarnados amparavam o desenlace das vítimas da guerra, contribuindo para que as tarefas de socorro acontecessem o quanto antes àqueles mais necessitados.

Apesar do triste desencarne em massa, mais um ciclo terreno ia se cumprindo. A mesma guerra que gerava dores e sofrimentos proporcionava a oportunidade da transformação moral para aqueles homens, pois a evolução moral acontece mesmo em meio aos cenários mais tristes e desoladores.

Capitulo 02

Excursão à Terra

Um novo dia se descortinava na Colônia do Triunfo e os trabalhadores se mobilizavam para mais uma rotina de importantes tarefas. Todos se cumprimentavam e se reuniam para, em prece, pedirem a Jesus e aos Espíritos superiores inspiração, sabedoria, amparo e serenidade para darem continuidade à grande missão de socorro e de pacificação àqueles irmãos tão necessitados. Ao som de suave melodia, Celeste deu as boas-vindas ao grupo:

— Queridos irmãos em Cristo! É com muita alegria e satisfação que nos reunimos mais uma vez para saudar o novo dia. Que a paz do nosso senhor Jesus Cristo possa adentrar os nossos corações! Que estejamos motivados e alegres por termos esta oportunidade bendita de trabalho. Precisamos, mais do que nunca, do auxílio misericordioso de Jesus e dos Espíritos superiores para que, juntos, possamos direcionar nossas forças em estratégias de paz a serem percebidas pelos humanos, na Terra, com o objetivo de colocar termo à terrível discórdia que enfrentam. É chegado o momento em que todos precisam sentir, por intermédio das nossas vibrações, o quanto a guerra lhes tem prejudicado.

Após breve pausa, a mentora prosseguiu:

— Vamos nos dividir em equipes de socorro aos recém-chegados e em correntes vibratórias, envolvendo vítimas e dirigentes dos combates, naquela região. Que os nossos trabalhos na luta do bem possam ganhar cada vez mais força. É com alegria que damos início a mais uma etapa da nossa missão. Que assim seja!

Após a fala de Celeste, todos desejaram sucesso e paz uns aos outros. A mentora e o novo grupo se direcionaram a uma sala de onde podiam ver a continuidade da guerra. Cláudio perguntou a Celeste:

— O que podemos fazer, diante de tanto massacre e frieza?

— Podemos descer à crosta e interceder diretamente junto aos chefes – sugeriu Clarisse.

— Sim! Temos que fazer alguma coisa mais concreta – concordou Cláudio.

Assim, Felipe, Clarisse, Júlia e Cláudio se dispuseram a descer à crosta terrestre para executar o plano.

Era início da madrugada, quando a equipe deixou a colônia, rumo às paragens terrestres. Durante a viagem, o universo se descortinava diante dos amigos. Uma paisagem de beleza incomum se despontava. Estrelas agrupadas, formando as galáxias, umas em forma de espiral e outras de formatos e cores diferentes. Ao centro, um grande agrupamento de estrelas muito próximas umas das outras delineava estrutura muito clara; era a Via Láctea que se apresentava, deixando perceber o sistema solar, onde o Sol, ao centro, era circundado pelos planetas. A Terra era um pequenino planeta em comparação aos gigantes, Júpiter, Saturno, Netuno e Urano.

Clarisse exclamou:

— Que espetáculo maravilhoso! Por meio dele podemos avaliar a majestade de Deus. Astronômicas distâncias separam galáxias, sistemas e planetas. Sabe, Felipe, quando vejo esse magnífico quadro, sinto que o nosso amor faz parte dessa majestosa orquestra e que, apesar dos percalços que ainda enfrentaremos em nossa trajetória evolutiva, ele é eterno e sempre emergirá cada vez mais forte, nos mais longínquos tempos de nossa existência.

Felipe estava atônito, tanto pela beleza da tela que se despontava diante de seus olhos, quanto pelas palavras proféticas que acabava de ouvir da sua amada. Foi com a voz trêmula e entrecortada pela emoção que respondeu:

— Clarisse, eu não sei se é mais bonito o quadro que vejo diante dos meus olhos ou se são as palavras que ouço agora da sua boca. Certamente, minha amada, Deus estará conosco para a eternidade, protegendo um amor tão lindo que, tenho certeza, resplandecerá para todo o sempre.

— Felipe, quando nos encontrarmos na carne, eu quero contar a nossa história para os amigos encarnados.

Mostrar a eles que a vida não termina com a morte física. Aliás, que a morte não existe, mas sim a passagem de um plano para o outro. Nossa história mostrará também que os vínculos estabelecidos no plano espiritual se perpetuam, principalmente quando se trata de um sentimento tão nobre, tão sublime como a sincera amizade e, sobretudo, o amor. Quero que a nossa história chegue, no futuro, aos encarnados da Terra, porque um amor tão lindo assim não deve ficar ocultado. Quero também que nossos irmãos possam compartilhar de um sentimento tão sublime e realizador, que nos deixa mais próximos do Criador e que nos dá a certeza de que ele sempre prevalece, por maiores que sejam os obstáculos enfrentados.

Júlia interferiu:

— Eu e o Cláudio também gostaríamos, juntamente com vocês, de participar desse projeto. Não é, meu amor?

— Claro! Eu também gostaria muito – confirmou Cláudio.

Felipe achou a ideia maravilhosa e todos se entusiasmaram, na esperança de que, mesmo num futuro longínquo ela pudesse se realizar.

Também Celeste, na Colônia do Triunfo, pelos canais da mediunidade, compartilhava daquele projeto. Era a mentora daquelas quatro almas que, sob sua inspiração, programavam mais um trabalho para o futuro, fazendo com que novas almas se sensibilizassem para as ideias do amor e, sobretudo, conhecessem os princípios da doutrina consoladora que se implantava com mais força e vitalidade no coração dos tutelados de Jesus.

Júlia e Cláudio também estavam embevecidos pela majestade do cenário. Os dois casais eram "a menina dos olhos" de Celeste que percebia a resplandecência do amor naquelas quatro almas, que se amavam verdadeiramente e estavam dispostas a maiores sacrifícios em prol dos necessitados.

A expedição se aproximava da crosta terrestre e a atmosfera se tornava densa a ponto de exigir dos viajantes um esforço cada vez maior, a fim de se adequarem ao campo vibracional da Terra, principalmente na área do conflito.

Chegaram ao destino de madrugada. O silêncio naquela região da África só não era completo por causa dos sons dos animais noturnos. Os amigos se reuniram em terra para traçarem as estratégias.

— Cláudio, é melhor que um casal fique em cada aldeia, mas sem perdermos o contato – disse Felipe.

Todos concordaram. Assim, Felipe e Clarisse ficaram na aldeia Mashariki, a leste, e Cláudio e Júlia na Maghribi, a oeste. Ao adentrarem na aldeia, Felipe e Clarisse encontraram na tenda do chefe, um ancião, sua esposa e a filha Luana que estava com cerca de quinze anos de idade. Era manhã e toda a tribo já se preparava para os afazeres diários, principalmente os que iriam se dedicar à lavoura.

Felipe e Clarisse perceberam que Luana não tratava bem os pais, além de reagir com aspereza aos tratamentos paternos. Clarisse não conseguia parar de observar o comportamento de Luana e comentou com Felipe:

— Por que será que ela se comporta deste jeito?

— Nessa idade, alguns adolescentes apresentam esse tipo de comportamento, devido à transição da infância para a adolescência. É normal que fiquem mal humorados e achem que os pais não têm o direito de interferir em suas escolhas.

— É verdade. Mas, observo que Luana está sempre áspera. Os adolescentes mudam de humor repentinamente, mas em momento algum ela é gentil com os pais.

— Bom, de qualquer modo, precisamos dar continuidade aos planos – observou Felipe. — Vamos conhecer mais um pouco das outras tribos.

Então, o casal começou a observar os costumes das outras tribos, as relações familiares, os trabalhos desenvolvidos na rotina diária, as crianças, os jovens e principalmente as lutas entre as tribos rivais. Ao mesmo tempo em que observavam, enviavam passes redentores aos mais necessitados e aos chefes tribais.

Perceberam, por meio da intuição, que Júlia e Cláudio também se ocupavam em desempenhar esse mesmo trabalho. Com o passar do tempo, Felipe e Clarisse notaram que a animosidade da menina Luana era porque os pais queriam que ela se casasse com um rapaz da tribo, considerando ser ele de boa índole e que reunia as qualidades para ser o novo chefe. Pela tradição daquele povo, a chefia era herdada pela filha mais velha. Apesar dos esforços dos pais, a menina não nutria nenhum sentimento pelo noivo.

Clarisse e Felipe tentaram interferir no caso, procurando intuir os pais a deixarem a moça livre para fazer sua própria escolha, mas nada conseguiram. Enquanto isso, na tribo Maghribi, Cláudio e Júlia não encontravam problemas internos a não ser o ódio entre as tribos vizinhas. Coincidentemente, nas duas tribos os filhos dos chefes estavam para se casar e as atenções estavam voltadas para seus assuntos internos. Assim, uma trégua havia se estabelecido.

Quando caía a noite, nossos amigos se encontravam, procurando, por meio das orações e dos passes, influenciar nas vibrações dos tutelados. Percebiam que suas influências eram percebidas diretamente por anciãos, que normalmente se reuniam em culto às suas divindades. Assim que possível, o grupo os inspirava para que transmitissem ao restante da tribo as boas vibrações recebidas.

Naquela época, comerciantes europeus adentravam as selvas africanas com a intenção de comercializarem mercadorias com os nativos, gerando um intercâmbio entre os povos, chegando até a se casarem com mulheres africanas e ali constituírem família. Em um desses contatos, Luana conheceu um português e logo se interessou por ele. Apesar da oposição dos pais, algum tempo depois aconteceu o casamento.

Na tribo Maghribi tudo ocorreu naturalmente e a sucessão estava já preestabelecida. Era costume que quando havia casamentos dos sucessores das chefias, as festividades durassem meses. Nesse período, a guerra foi esquecida. Esporadicamente, ocorreram pequenos conflitos, mas, graças às vibrações do plano espiritual, não chegaram a grandes proporções, como de costume.

Os amigos espirituais se preparavam para retornarem, com o sentimento do dever cumprido, quando, sob inspiração de Celeste, surgiu a ideia de provocar uma reunião entre as chefias das duas tribos e inspirá-las a criarem uma área neutra entre seus territórios, que não pertencesse a nenhuma das tribos. Esta iniciativa impediria o contato próximo e cada uma das aldeias ficaria restrita ao seu território. Esse espaço seria chamado de Zona Neutra e nenhuma das tribos poderia explorá-la. Os casais espirituais puseram o plano em ação. As duas tribos demarcaram a área e a paz voltou a reinar às margens do lago.

O grupo retornou à Colônia do Triunfo. Ao chegarem, foram recebidos com alegria, terminando com o agradecimento de Celeste em nome de todos.

Passaram-se os tempos e, como na Zona Neutra não havia nenhuma atividade, a floresta foi se recuperando. Os animais achavam ali um ambiente propício para se protegerem e um local perfeito para procriarem, com pastagem e bebedouros tranquilos. O ecossistema se recompunha sem a presença predatória do elemento humano. Isso fez com que, nas áreas de domínio das tribos, a caça e a pesca fossem se tornando escassas.

No lago, a Zona Neutra começou a ser invadida, tanto por parte da tribo Mashariki, como pela Maghribi. A fartura ali encontrada foi se tornando cada vez mais motivo de rivalidade. Em pouco tempo, já se tinha desenvolvido um novo cenário de guerra, desta vez ainda mais sangrenta. No plano espiritual, o trabalho não parava e o socorro às vítimas se intensificava. Nossos irmãos espirituais continuavam enviando vibrações para que a paz pudesse se instalar na região.

Com o passar do tempo, o comando das tribos haviam passado para os sucessores. Luana, herdeira da chefia da tribo Mashariki, transferia para o marido português as decisões mais importantes. E este, movido pelo espírito aventureiro e ambicioso do povo europeu, conduzia seus comandados a investidas na Zona Neutra, contrariando o acordo celebrado por seus antecessores, sob a alegação de que havia sido a antiga chefia que estabelecera as regras. Essas transgressões provocaram a reação da tribo adversária e novas batalhas se travavam. O canibalismo voltou a acontecer, porque aqueles povos acreditavam que, comendo a carne do guerreiro adversário, herdariam dele a coragem e a bravura.

Apesar da crueldade da guerra, os representantes da Colônia do Triunfo estavam mais pertos de acharem uma solução. O sofrimento fazia com que aquelas pessoas buscassem entrar em sintonia com o bem, tornando-se mais sensíveis às boas vibrações emanadas do Mais Alto. Nesses momentos, a espiritualidade aproveitava-se para envolver os encarnados em boas inspirações.

Novamente, no plano espiritual, a Colônia do Triunfo necessitava de maiores recursos fluídicos para tratar as vítimas que voltavam a chegar em número ainda maior e em estado vibratório ainda mais deplorável. Vítimas do inconformismo por terem parte dos seus corpos ingeridos pelos adversários, além de as partes do corpo que não serviam de alimento serem deixadas como alimento para as aves carniceiras. Seus ossos se transformavam em peças de "museu de guerra". Eram apresentados como troféus que demonstravam a bravura e a soberania do adversário. As regiões umbralinas também recebiam aqueles que, pelas razões mais diversas, alimentavam seus sentimentos de orgulho, inveja e egoísmo para levarem vantagens sobre seus irmãos, contrariando os princípios de amor, misericórdia e caridade.

Capitulo 03

Novas iniciativas dos Espíritos

Na Colônia do Triunfo, novas iniciativas eram tomadas para amparar os irmãos envolvidos naqueles combates que espalhavam dor e desespero, alimentando sentimentos de ódio e revolta, atrasando o processo evolutivo de Espíritos que ainda desconheciam os ensinamentos deixados por Jesus em sua passagem por este Planeta. Apesar de serem mobilizados os maiores esforços, Celeste e seus tutelados não conseguiam achar uma solução que possibilitasse resolver o problema.

Mas, após incansáveis estudos, surgiu uma alternativa que poderia ser a solução, apesar de demandar longo prazo. O grupo chegou à conclusão de que o único recurso concreto seria a unificação das duas tribos em um só governo, onde todos se sentiriam irmãos e não haveria a necessidade de disputas por territórios. Mas, como fazer isso, uma vez que o ódio e a rivalidade das tribos impediam que qualquer iniciativa espiritual surtisse efeito?

De repente, alguém do grupo exclamou:

— A única maneira de conseguirmos a unificação desses povos é pela reencarnação de Espíritos mais conscientes nas duas tribos. Pessoas que pudessem assumir o comando e, por meio de ações elevadas, transformarem as atitudes daquela gente em sentimentos de amor e fraternidade.

Todos concordaram com a ideia. Celeste foi aparecendo em meio a uma névoa azulada e falou:

— Amados do meu coração! É muito louvável a reencarnação, uma vez que, na carne, temos maiores condições de atuar junto aos nossos irmãos, e podemos exercer a caridade de forma concreta e eficaz. Entretanto, devo avisar que essa atitude exige muito amor, humildade e desprendimento. Vamos encontrar irmãos em estágio de evolução ainda muito atrasados, que não entenderão os nossos ensinamentos e praticarão muitas injustiças, colocando paixões, orgulho, vaidade e egoísmo a predominarem sobre as nossas orientações e atitudes. As seduções da matéria são muito fortes.

Todos ouviam em silêncio e ela prosseguiu:

— Vejamos o exemplo do nosso mestre maior, Jesus de Nazaré. Ele foi a maior prova de humildade, misericórdia, compreensão, mansidão e amor e, nem assim, foi poupado das mazelas dos homens que armaram, conspiraram, condenaram e o crucificaram. Portanto, meus amados! Pensem e reflitam se já se encontram preparados para tão nobre e difícil missão, que exigirá de vocês imenso sacrifício e abnegação.

Celeste sabia que suas palavras causariam profundas reflexões entre o grupo, mas sabia também que seus tutelados já reuniam condições de enfrentar as adversidades que viriam pela frente. Após alguns instantes, todos conversavam entre si, trocando ideias sobre a decisão. Em seguida, Felipe tomou a palavra e disse:

— Minha querida e muito amada, Celeste! É com respeito que, após refletir bastante, eu e Clarisse nos colocamos à disposição para esta tarefa. Poderemos renascer na Terra como filhos dos casais que agora comandam aquele povo. Renasceríamos um na tribo Mashariki e outro na tribo Maghribi. Com o amor que nos devotamos, poderemos mudar suas atitudes agressivas. Mas só alcançaremos êxito se continuarmos com a sua iluminação e proteção, para enfrentar as situações de dificuldade que encontraremos.

— Claro, meus queridos! Não só a minha, mas de todos os companheiros do nosso grupo. Não mediremos esforços para estar com vocês durante toda a jornada.

Todos se manifestaram solidariamente ao casal, desejando felicidade e sucesso no propósito. Uma profunda tristeza se abateu sobre Felipe e Clarisse. Parecia que a saudade já se manifestava e que o peso da responsabilidade fazia com que eles se tornassem mais reflexivos. A partir daí, o grupo passou a dedicar aos irmãos missionários todo o carinho e atenção, como a se despedir de alguém que faria uma longa viagem, mas que certamente retornaria com o dever cumprido. Celeste também cercou o casal de proteção, tentando diminuir a apreensão e a ansiedade que os envolvia.

No plano terreno, os casais chefes das duas tribos preparavam ansiosamente para receberem os filhos que mais tarde os sucederiam no comando de seus povos.

Enfim, no plano espiritual chegou a informação de que a esposa do chefe da tribo Maghribi estava para engravidar. Felipe deveria partir para assumir o seu lugar no ventre daquela mulher, que em um futuro próximo, seria sua mãe. O grupo o acompanhou até o portal da colônia. Após as despedidas, Felipe e Clarisse ainda se mantinham de mãos dadas, como se quisessem retardar aquela separação enquanto fosse possível, mas havia chegado o momento e ele partiu.

As lágrimas rolaram no rosto da moça de forma torrencial, mas em breve chegaria também o seu dia de partir. Durante a viagem, Felipe se viu diante da cena que presenciara junto à amada, quando desceram à Terra para ajudar aqueles povos. Ao se lembrar das palavras de Clarisse, as lágrimas também lhe rolaram nos olhos. Mas precisava seguir em frente; afinal, a tarefa estava apenas começando.

Chegando ao destino, seu novo corpo não passava de um pequeno grupo de células, mas seu trabalho agora seria grande, afinal teria de orientar a multiplicação daquelas células para moldá-lo, a partir do seu perispírito[1]. Assim, os primeiros órgãos foram se formando e tudo foi funcionando de acordo com o previsto. O corpo da mãe era jovem e oferecia todas as condições necessárias para uma formação saudável. Felipe percebia que, à medida que se formavam os órgãos dos sentidos, seu corpo passava a interagir com

---

[1] *As células se dividem seguindo a programação do DNA, mas o perispírito organiza a sua formação segundo a missão que irá desempenhar no plano físico.*

a mãe, que sentia suas vibrações e harmonizava seus pensamentos e, vez ou outra, sentia algumas vibrações que não eram tão boas.

Em certo momento, teve uma surpresa: descobriu que não estava só. Que companhia seria aquela? Diante dessas dúvidas, sentiu um empurrão. Espantado, foi verificar, fazendo um esforço com os órgãos da visão, e percebeu que outro ser se formava dentro daquele mesmo ventre. Era um irmão gêmeo. Notou que o irmão ocupava também o seu espaço, deixando-o apertado em seu cantinho. Percebeu também que o irmão havia se formado a partir de outro grupo de células. Portanto, não eram gêmeos univitelinos ou idênticos[2].

No plano espiritual, os amigos, sempre dedicados aos trabalhos de socorro, encontravam tempo para mandar boas vibrações para os companheiros encarnantes. Os meses se passavam e chegava a hora do nascimento da criança, que receberia o Espírito Felipe.

Era noite quando a futura mãe começou a sentir as contrações do parto. As mulheres da tribo, encarregadas de assistirem às parturientes, estavam se mobilizando para o trabalho. Os preto-velhos se reuniram em torno de uma fogueira e recebiam comunicação das entidades espirituais. De repente, chegou um Espírito iluminado, avisando que o parto seria difícil e que tomassem os devidos cuidados. Era Celeste que se manifestava, trazendo emanações de luz para dar assistência à mãe e aos nascituros.

---

[2] *Gêmeos univitelinos são gêmeos derivados da subdivisão de um mesmo grupo de células.*

O tempo passava. A mãe suava frio e chorava, sentindo a dor das contrações. Apesar dos esforços da mulher e das assistentes, a criança demorava a nascer. A ansiedade do pai era enorme, mas, segundo a tradição da tribo, ele deveria esperar do lado de fora, o que lhe aumentava o desespero. Repentinamente, após grande esforço, começou a aparecer uma criança forte e saudável.

— É um menino forte e bonito! – exclamou a assistente.

— É um menino! – repetiu a mãe. E, a seguir, emendou: — Vai se chamar Kauan.

Mas, as contrações continuaram e, para surpresa de todos, nasceu outro menino.

A mãe, entre espanto e alegria, disse:

— Este vai se chamar Rian.

Assim, nasceram os dois irmãos. Passaram-se alguns dias e as crianças foram batizadas segundo o costume da tribo, como: Kauan e Rian.

Enquanto isso, Luana sentia que estava próximo o dia em que nasceria de seu ventre o filho querido, que traria novos encantos para os pais e avós, que já se encontravam em idade avançada. A relação dela e do marido com seus pais ficou estremecida desde a época em que ela não aceitou se casar com um rapaz da tribo. Luana pensava que, com a vinda do neto, seus pais voltariam ao convívio normal, esquecendo as discórdias.

Na Colônia do Triunfo, chegou a hora de Clarisse descer à Terra. Nossa irmã se encontrava pensativa e ao mesmo tempo mantinha no coração a felicidade de poder ser uma ferramenta do bem. Ela sabia que sua presença seria motivo de grande alegria e de trégua naquele ambiente que tanto necessitava de harmonia e paz.

Todos do grupo foram saudar a companheira, naquela manhã. A cada saudação, Clarisse sentia-se melhor e mais convicta de que sua missão terrestre seria coroada de boas vibrações e amparada por parte de seus amigos espirituais. Celeste a abraçou e disse:

— Minha querida irmã! Vá em paz! Jesus e todos nós aqui da colônia estaremos com você nos momentos de alegrias e de dificuldades. Não se esqueça de que a vigilância e a prece têm o poder de nos fortalecer em Deus. Será para você e Felipe uma missão árdua, mas temos a certeza de que também será de grande importância para muita gente. Vocês serão a luz divina a serviço da paz e da misericórdia do pai.

Neste momento, Clarisse foi envolvida por uma sensação de bem-estar que lhe impulsionou para a crosta. Durante a viagem, a enviada de Celeste sentiu uma alegria enorme em rever a galáxia tão maravilhosa. Lembrou-se de seu grande amor. As emoções eram inexplicáveis e ela não conseguiu conter o choro. Mas as lágrimas eram como uma chuva de bênçãos que fortalecia e enchia seu coração de coragem e esperança.

Estando muito próximo de romper o fio que a prendia ao plano espiritual, o Espírito foi ganhando um novo corpo, enquanto, na tribo Mashariki, Luana se preparava para receber o filho que já vibrava amor e felicidade.

Certa vez, os pais de santo estavam reunidos, quando uma entidade de luz se manifestou e falou, utilizando as faculdades de um médium:

— Essa criança que Luana gera em seu ventre nascerá e crescerá encantando a todos, por sua graça e beleza. E, no tempo certo, será a rainha da tribo.

Os pais de santo se surpreenderam com a manifestação profética daquele Espírito iluminado a que chamaram: "A Rainha dos Orixás"[3]. Outros deuses menores também se manifestavam procurando orientar Luana na educação da menina, que se chamaria Kalu. Logo após a reunião, os médiuns foram avisar Luana sobre a manifestação.

— Que coisa maravilhosa! Eu terei uma filha e ela será a rainha das tribos. Então, ela se chamará Kalu. Benditos sejam os Orixás e que eles tenham razão! – disse Luana.

Kalu nasceu num ambiente de muita harmonia. Toda a tribo entrou em festa para receber a futura rainha. A mãe e o pai se encantaram com a filha, enquanto os avós, quebrando as antigas arestas, esqueceram as mágoas e se juntaram à Luana e ao marido para admirarem a netinha.

A infância transcorreu em um clima de muita paz. Os pais procuraram lhe dar os ensinamentos e costumes

[3] *Os pais de santo chamaram a entidade de rainha dos Orixás porque achavam que todo ser espiritual era um deus.*

necessários para que, no futuro, ela pudesse assumir a chefia da tribo. A fisionomia de Kalu continha a beleza das duas raças que lhe deram origem. Sempre rodeada de amigos, ela se caracterizava como uma criança falante e prestativa. A mãe lhe ensinava as tarefas domésticas e os costumes femininos da tribo, e ela era sempre muito dedicada ao aprendizado.

As crianças nascidas nas duas tribos cresciam alegres e saudáveis enquanto os guerreiros esqueciam temporariamente as contendas, geralmente motivadas pela invasão da zona neutra. Os tempos passavam e os garotos da tribo Maghribi cresciam. Quando completaram doze anos, suas personalidades já estavam se formando. Desde muito novo, Rian tinha ideias de guerra. Seus brinquedos eram armas e sua maior alegria era quando surgia algum combate entre as tribos. Vivia instigando os pais a fazerem caçadas na Zona Neutra, objetivando deflagrar a guerra entre as tribos, que viviam um momento de paz.

Kauan era pacífico e procurava conter as iniciativas que pudessem gerar conflitos. Era um Espírito elevado e, sempre que o irmão manifestava tendências bélicas, aconselhava-o a desistir da iniciativa. Por isso, Rian logo passou a considerá-lo fraco e sem ambição.

Muitas vezes Rian questionava seu pai:

— Por que eu não posso participar das caçadas? Não sou mais criança e sei muito bem manejar as armas. Sempre treino e não tenho me saído mal.

— Calma, meu filho! Seu tempo virá e você será um grande caçador – dizia-lhe o pai.

Mas estas palavras não sossegavam o ímpeto do rapazinho.

Diferentemente do irmão, Kauan gostava do trabalho onde sua criatividade podia ser exercida. Em todas as construções das tendas ele estava à frente, como um engenheiro dirigindo a obra. Certo dia, Rian tanto insistiu, que o pai permitiu sua presença na caçada.

— Veja, minha mãe! Já sou um caçador da nossa tribo – disse orgulhoso.

— Cuidado, meu filho! Você poderá se machucar – respondeu ela, temerosa de que alguma coisa ruim acontecesse ao filho.

Nesse dia, o grupo de caçadores não estava encontrando nada que pudesse alimentar o povo da tribo.

— Vamos ultrapassar um pouco o limite da Zona Neutra. Lá será fácil abater os animais – incitou Rian, procurando conduzir os caçadores para a área proibida.

De repente, o grupo encontrou uns veados que, assustados, correram para o interior da zona proibida. Os caçadores, entusiasmados, armaram emboscadas para capturarem os bichos. Enfim, a caçada foi farta e já era hora de voltar para casa, quando surgiu um grupo da tribo rival e a luta se iniciou. Mas, logo que perceberam estar em menor número, fugiram em direção à sua aldeia. Na perseguição, um moço da tribo Mashariki foi atingido, sendo capturado enquanto agonizava, vítima dos ferimentos do combate. Quando os caçadores chegaram até o rapaz ele já estava morto.

Rian gritou com euforia:

— Hoje a caçada foi boa! Temos carne fresca com fartura!

O corpo do rapaz foi recolhido e levado para a tribo, junto com os animais abatidos.

— Kauan, venha ver nossas caças de hoje! Eu estreei bem. Sou um caçador de sorte – gritava Rian, sem se conter de alegria diante do cadáver do inimigo.

— Que barbaridade, Rian! Não vê que isso pode novamente provocar a guerra? Eles não vão deixar isto impune. Vamos enterrá-lo, afinal ele é nosso semelhante. Devemos dar-lhe uma sepultura – ponderou o irmão.

— Ora, Kauan! Que bobagem! Você acha que vamos enterrar a nossa melhor caça?

Em seguida, chegaram os homens com facas afiadas, retirando a carne e levando ao fogo, que já estava acesso para assar as caças. O que não servia para comer era distribuído para os cães que, após se fartarem, deixavam os restos para as aves carniceiras. Naquela noite, houve festa na tribo. Homens e mulheres se enfeitaram para a dança. O banquete seria servido para todos.

— Eu quero comer a carne deste guerreiro, assim herdarei sua bravura e coragem. Hoje a festa é minha, afinal foi a minha primeira caçada, por isso vamos comemorar. Quero que chamem Kauan para comemorar. Quem sabe assim ele toma coragem e resolve caçar conosco? – dizia Rian, triunfante.

Ao chamarem Kauan, o rapaz relutou em aceitar o convite.

— Vamos, Kauan! Hoje é festa para o seu irmão – disseram os rapazes.

— Não, não gosto disso!

— Seu pai vai ficar triste se você não participar.

— Eu irei, mas contra a minha vontade – respondeu, por fim.

Terminadas as danças, era a hora de servir o banquete. Rian foi servido primeiro, o que o deixou ainda mais orgulhoso. Ao servirem Kauan, ele não aceitou. Estava enojado daquilo e fazia preces por aquele rapaz assassinado. Em seguida, foi para a sua tenda, onde chorou por algum tempo. Envolto nesses pensamentos, percebeu uma névoa azulada em seu quarto e, dentro dela, a figura de uma linda mulher que lhe dizia:

— Deus o abençoe, meu filho! Continue seguindo o que o seu coração diz. Você ainda será muito feliz e encontrará o seu grande amor!

Dizendo isso, a figura foi se desfazendo e a névoa se dissipou.

Capitulo 04

Obsessão a Rian

Rian dormia, mas seu sono era conturbado. Sonhou que estava preso a uma teia de Espíritos malignos, liderados pelo homem que havia sido morto no conflito e agora o perseguia, revoltado pelo desencarne precoce e porque seu corpo havia sido servido em um banquete. O estômago não conseguia digerir o alimento e uma sensação de enjoo tomou conta do rapazinho, que se debatia e se contorcia na rede, numa mistura de angústia e desespero.

— Maldito! Você me ceifou a vida justamente no momento em que eu fazia planos para o futuro. Estava noivo e pretendia me casar. Minha noiva sofre a decepção de um romance frustrado e vocês fazem festa com o meu corpo. Você vai me pagar por este ato, pois vou lhe cobrar por toda a vida, seu covarde! – gritava o perseguidor.

Rian acordou em pânico. Queria lutar contra aquele inimigo, mas não conseguia nem mesmo vê-lo. Era o início de uma perseguição que o acompanharia por muito tempo. Sentiu medo, arrependimento, mas não tinha como voltar atrás. Na manhã seguinte, o rapaz acordou abatido, enjoado; sua cabeça e todos os músculos doíam muito, como se ele tivesse levado uma surra no dia anterior.

— O que foi meu filho? Você parece doente? Está abatido, com um ar assustado... – perguntou a mãe.

— Nada, nada! Foi apenas um sonho, um pesadelo.

— Como pode um simples pesadelo deixá-lo abatido assim?

— Não se preocupe! Logo estarei bem.

A mãe sabia que o caso não era um simples pesadelo, mas não tocou mais no assunto, procurando desviar a conversa para que o filho não alimentasse pensamentos que lhe deixariam ainda mais suscetível às influências dos Espíritos obsessores. Os dias foram passando e todas as noites os pesadelos voltavam. Rian emagrecia e perdia a vitalidade própria da juventude. Estava ficando doente. Todos na aldeia já se preocupavam com a sua saúde, que piorava a cada dia. Numa noite em que os pais de santo se reuniram para a conversa com os Espíritos, a que chamavam de "deuses", manifestou-se uma entidade demonstrando muito ódio e jurando vingança contra a tribo, principalmente contra Rian. Os pais de santo tentavam acalmá-lo fazendo promessas, mas ele se mantinha irredutível.

— Diz o que você quer, para que possamos ajudá-lo – pedia pai Zulu, com voz de espanto.

— O menino Rian sabe! Todas as noites eu converso com ele.

Dizendo isso, o Espírito se foi, deixando os pais de santo apavorados, temendo a ira dos Orixás. Na manhã seguinte, os pais do garoto foram procurados e informados sobre o acontecimento.

— Vamos levar Rian à reunião dos pais de santo. Talvez assim ele possa se entender com o seu inimigo e se libertar dessa perseguição – disse seu pai.

Na noite seguinte, Rian foi levado à reunião, mas nada anormal acontecia. Os pais de santo fumavam seus cachimbos, soltando grossas baforadas no ar, que era iluminado pela luz da fogueira acesa no centro do pátio. De repente, o rapaz deu um salto e caiu se contorcendo, dando gargalhadas horríveis e dizendo impropérios.

— Agora eu o peguei! Você tem uma dívida comigo de longo tempo, de encarnações passadas. Eu vinha lhe procurando por todo esse tempo. Venho sugando as suas energias, mas você é um fraco e, se eu continuar, vai acabar desencarnando. Mas eu não quero isso. Quero que continue vivendo e que me pague o que deve. Vai trabalhar para me pagar. Eu vou esperar o momento certo para acertarmos as contas.

Dizendo isso, o Espírito se foi. Todos haviam se mantido abaixados, em deferência àquela entidade, que imaginavam ser um deus. Após se levantarem, Rian se mantinha na posição inicial. Os pais correram até ele, despertando-o do êxtase em que ainda se encontrava.

— Onde estou? O que aconteceu? – perguntou, ao recuperar a consciência.

— Venha meu filho! Está tudo bem. É tarde, vamos dormir – disse a mãe, entre preocupação e assombro, diante dos fatos.

— Não, não quero dormir! Aqueles pesadelos vão me perseguir novamente. Quero ficar com vocês.

O rapaz se encontrava agitado e, momento a momento, entrava em pânico.

— Quero falar com Kauan! Sinto que somente ele pode me proteger.

Pediram a um rapaz para chamar Kauan, que dormia tranquilo em sua rede.

— Kauan! Levante-se, seu irmão lhe chama. Ele está desesperado e quer vê-lo agora.

— O que aconteceu? Onde ele está?

— Está no pátio. Mas, fique tranquilo, não aconteceu nada grave.

Mesmo assim, Kauan se levantou e correu para onde se encontrava o irmão. Chegando ao local, não foi preciso que ninguém dissesse nada. Ele parecia saber dos acontecimentos, mesmo sem ter participado da reunião. Em seguida, colocou as mãos sobre a cabeça do irmão. Novamente, aquela névoa azulada foi se formando e a figura de mulher se fez visível para ele. De suas mãos emanavam feixes de luz que se projetavam em direção a Rian. O rapaz obsediado foi se acalmando e uma sensação revigorante percorreu-lhe o corpo.

Rian abraçou o irmão, permanecendo assim por algum tempo, até que a imagem da mulher foi desaparecendo e a névoa também se dissipou. Kauan percebeu que ninguém tinha visto a entidade, nem mesmo Rian, que pôde sentir seus fluidos regeneradores.

— Muito obrigado, meu irmão! Sinto-me seguro perto de você. Coloque sua rede próxima da minha. Tenho medo dos pesadelos.

— Fique tranquilo, Rian! Eles não irão lhe molestar mais. Vou colocar a minha rede próxima à sua. Durma com os deuses!

Dizendo isso, todos se acomodaram e a noite transcorreu tranquila. Depois dessas ocorrências, Rian não quis mais participar das caçadas, nem incentivar os companheiros para os conflitos. Procurava estar sempre junto a Kauan, chegando até a se interessar pelos trabalhos do irmão, nas construções que já começavam a ter paredes de taipa[4].

Kauan aprendera a técnica com comerciantes europeus, que continuavam visitando as tribos para o comércio de mercadorias compradas na Índia. Naquela época, que sucedeu às grandes navegações, principalmente os portugueses saíam de Lisboa em esquadras que percorriam a rota de Vasco da Gama, contornando o continente africano, entrando pelo oceano Índico e chegando à Índia. Ali, compravam as mercadorias que, na volta, ao contornarem a costa leste africana, eram trocadas por gêneros alimentícios, principalmente para provisionar os navios para o retorno a Portugal.

[4] *Construções de madeira e barro.*

Capitulo 05

Negros e a escravidão

Nessa época, o Brasil estava em processo de colonização. A mão de obra, a princípio, era obtida pela escravidão dos índios brasileiros. Mas, devido à inaptidão do índio aos trabalhos duros, principalmente nos engenhos de açúcar e na lavoura e, posteriormente, à proibição da escravização dos índios, iniciou-se o tráfico dos negros africanos, que estavam acostumados ao trabalho na lavoura. Alguns já viviam em regime de escravidão em sua própria terra, quando eram capturados em combate, nas guerras entre as tribos.

Assim, além do comércio de gêneros, os navios, principalmente os portugueses, começaram a se adaptar ao tráfico de escravos comprados na África. Desta forma, surgiram os navios negreiros ou "tombeiros", que eram adaptados para o transporte de escravos. Essas embarcações tinham seus porões adaptados. Continham fileiras de correntes, onde os negros eram amarrados e transportados de forma tão desumana, que muitos morriam na travessia da África para o Brasil. Eles eram amontoados de tal maneira, que só podiam ficar em duas posições: sentados ou deitados; quando um apoiava a cabeça nas pernas do companheiro de trás.

Colocava-se geralmente um número maior de escravos do que o navio comportava, a fim de compensar as mortes que ocorriam durante a viagem. Os que morriam, eram jogados ao mar. Às vezes, os cadáveres demoravam a ser retirados, obrigando os vivos a conviverem com os mortos em decomposição. Principalmente nos primeiros dias de viagem, era comum que as pessoas enjoassem e vomitassem umas nas outras, além das fezes e urina que se acumulavam em meio aos escravos. Ali, era jogada a comida, sempre racionada para que os cativos fizessem a divisão.

A viagem durava aproximadamente dois meses. Periodicamente, grupos de escravos eram retirados para o convés do navio e obrigados a cantar e dançar, para evitar que os músculos atrofiassem. Aqueles que sobreviviam à viagem eram colocados em quarentena, com uma alimentação reforçada para se recuperarem e adquirirem maior valor de revenda, quando fossem comercializados com os proprietários de fazendas e administradores de minas de ouro. Em seus corpos era aplicado um óleo para que a pele ficasse brilhante e destacasse os músculos, para valorizar o preço.

Nos mercados, principalmente do Rio de Janeiro, Bahia e Pernambuco, os escravos eram vendidos como mercadoria comum; valendo mais aquele que se mostrasse mais apto para o trabalho, possuísse dentes bons e boa constituição física. O preço girava em torno da metade do valor de um cavalo. Eram feitos lotes de escravos para facilitar a comercialização e não restar sobras ou refugos, como denominavam. Procurava-se também separá-los de forma que o idioma falado fosse diferente, para evitar rebeliões. Havia ainda a separação entre homens e mulheres.

Quando ocorria a venda, lavrava-se um termo de propriedade para o comprador e o escravo era marcado com um ferro em brasa, com as iniciais do proprietário, do mesmo modo como se fazia com o gado. Dessa forma, famílias eram separadas e os escravos conduzidos principalmente para as fazendas. O trabalho era imposto do nascer ao pôr do sol, por meio das chicotadas de um feitor, que era quem lidava diretamente com eles.

A sede da fazenda se compunha da casa grande – moradia do senhor e sua família – e a senzala, uma construção de cômodos ligados uns aos outros e à casa grande, em forma retangular, deixando ao centro um grande pátio. No centro do pátio havia um grosso poste de madeira com uma argola de ferro com cerca de dois metros e meio de altura, onde eram amarrados os escravos que cometessem faltas. Ali, eram castigados com chicotadas proporcionalmente à gravidade da falta cometida. O chicote se constituía de um cabo de madeira com tiras de couro que traziam na extremidade uma bolinha de metal. O escravo era amarrado, despido da cintura para cima, de forma que cada chicotada abria um sulco em suas costas. Terminado o açoite, o feitor aplicava sal nas feridas para aumentar o suplício. Acreditava-se que o sal tinha propriedades cicatrizantes, evitava a infecção e reabilitava mais rapidamente para o trabalho.

Quando um escravo fugia, era perseguido pelos chamados capitães do mato[5] que após, capturá-lo, amarrava-o em seu cavalo e o obrigava a caminhar, acompanhando o passo do animal. Se caísse, seria arrastado.

Algumas escravas eram retiradas do trabalho da lavoura para servirem como mucamas na casa grande. Quando alguma mulher da casa grande tinha um filho, este era colocado para mamar em uma escrava que estivesse amamentando, deixando o filho da negra com apenas a sobra do leite. Os senhores das fazendas escolhiam as escravas mais bonitas para servirem na casa grande, sob o pretexto de ajudar a sinhá[6]. Mas, na verdade, era porque as obrigava a se relacionarem intimamente com eles, realizando fantasias que à sinhá não era permitido, pois o papel da esposa era apenas o de gerar herdeiros para o marido.

Esse era o cenário que os negros encontravam, quando aprisionados e vendidos aos traficantes[7]. A profissão de traficante negreiro chegou a ser tão rentável, que criavam companhias, ou seja, empresas que operavam nesse ramo.

Voltando ao cenário das tribos, apesar de o tráfico negreiro interferir na rotina, a vida andava em seu curso normal. Apenas o costume da guerra mudou: em vez de matar

[5] *Capitão do mato eram indivíduos cuja profissão era capturar escravos fugitivos.*

[6] *Sinhá era a esposa do senhor da fazenda.*

[7] *O termo traficante ao contrário de hoje não se constituía de prática ilegal.*

o adversário, procurava-se capturá-lo vivo, porque assim se obteria lucro com a sua venda.

Passaram-se os tempos e Rian foi readquirindo sua personalidade original. Agora, sua maior ambição era formar um exército de jovens guerreiros, com a finalidade de capturar nativos nas tribos vizinhas para vendê-los aos traficantes de escravos. Objetivando maior sucesso em suas empreitadas, vivia instigando o pai a empreender guerras.

— Rian, meu irmão! Nossa tribo não necessita desses recursos para sobreviver. Vamos continuar como vivíamos anteriormente, em paz. Isto que você está fazendo não é certo e pode colocar em risco o nosso povo – dizia Kauan, procurando mudar as ideias do irmão, sempre voltadas aos conflitos.

— Kauan, você é acomodado, diferente de mim. Eu quero ver a nossa tribo dominando toda essa região. Ainda seremos a grande nação do lago.

Pelas palavras do irmão, Kauan percebia que a intenção de Rian era herdar do pai a chefia da tribo, uma vez que não possuía uma irmã mulher, que seria prioritária na sucessão paterna. Mesmo assim, ele não se preocupava. Afinal, não tinha nenhum interesse no poder e se preocupava apenas com o bem-estar do seu povo.

Terminando aquela conversa, um rapaz amigo chegou com ar assustado.

— Kauan, minha irmã foi picada por uma cobra venenosa. Vamos até lá. Ela está passando muito mal.

— Vamos, meu irmão! Mas, eu não sei o que fazer.

— Sabe sim, Kauan! Você é amigo da "deusa de luz".

— Não! Em certas circunstâncias, eu sinto sua presença, mas não tenho como evocá-la.

— Mas, mesmo assim, vamos até lá. Eu sei que você pode fazer alguma coisa.

Quando chegaram, os pais de santo já estavam reunidos ao redor da menina, pedindo a ajuda dos Orixás para que ela fosse curada. Eles haviam ministrado um chá de ervas que supunham conter propriedades curativas, em caso de picada de cobra.

— Não sei o que fazer, meu irmão! Não conheço nenhum medicamento que possa fazer efeito nesse caso. Vamos esperar, para ver se os pais de santo conseguem tratá-la – disse Kauan.

A menina se contorcia na rede e delirava, falando palavras desconexas. A apreensão era geral. De vez em quando, os pais entravam em desespero, temendo perder a filha. Kauan fez uma prece, direcionando seu pensamento à protetora. Passado algum tempo, a menina apresentava sinais de melhora; aquietara-se na rede e a boca, que soltava uma saliva grossa, foi voltando ao normal. Após algum tempo, ela falou:

— Kauan, obrigada por me trazer sua amiga, sua protetora! Enquanto estava semiconsciente, senti que uma névoa me envolvia e dela saíam feixes de luz branca. Nesse momento, senti que meu corpo reagia e eu conseguia me manter acordada. Depois, adormeci por um tempo e agora já me sinto melhor. Eu sei que foi ela que me ajudou! Agradeça à sua deusa por mim.

Kauan se mantinha de pé, próximo à menina e também não tinha dúvida de que aquele mesmo "deus" que sempre o protegia havia cuidado dela. A partir desse dia, ele passou a ser considerado curandeiro. Sempre que alguém adoecia, Kauan era chamado para tratar. Assim, o rapaz foi desenvolvendo o dom da cura. Celeste estava sempre com ele, orientando-o.

Rian, envolvido na ideia de capturar escravos para vender aos europeus, foi agrupando jovens guerreiros para formar uma milícia cada vez mais numerosa, a fim de armar emboscadas para as tribos vizinhas. Às vezes, encontrava famílias se dedicando à agricultura, morando próximo às suas lavouras e seus soldados sequestravam a família inteira.

A partir daí, o sequestro de pessoas passou a ser o terror das tribos, que viviam sobressaltadas, temendo o ataque das milícias. Ninguém mais arriscava a se afastar do centro de sua tribo. Rian sempre mandava alguns soldados espionarem as tribos vizinhas, para programarem a investida. Os pais, além de Kauan, esforçavam-se para dissuadir Rian, porque sabiam dos perigos dessa prática. A própria tribo Maghribi já havia sofrido ataques e várias famílias haviam sido sequestradas.

— Rian, vamos viver em paz e deixar que as outras tribos também vivam! Certamente, os deuses não aprovam essa atitude – dizia o pai.

— Bobagem, pai! Os deuses têm mais com o que se preocupar. Veja como os recursos da venda de escravos contribuíram para o conforto e o luxo que ostentamos. O trabalho não enriquece ninguém. Nós temos que ser espertos e aproveitar as oportunidades que aparecem.

— Mas, apesar disso, não temos paz! Estamos sempre preocupados com o que pode acontecer ao nosso povo – insistia a família, tentando inutilmente demovê-lo daquelas ideias.

Capitulo 06

Ataque a Rian

Certo dia, tudo estava planejado para atacarem uma família que cuidava da agricultura, em uma clareira aberta na mata. A floresta circulava a lavoura, permitindo que a milícia atacasse sem ser vista. O plano estava sendo executado, até que, no momento do ataque, os guerreiros da tribo adversária chegaram por trás e iniciou-se a luta. Rian, que achava estar atacando de surpresa, havia caído em uma emboscada, juntamente com seus companheiros. Tudo aconteceu muito rápido, Rian e seus comparsas estavam em número menor.

— Retirar! – ordenou Rian.

Todos saíram em disparada. Eram guerreiros espertos e sabiam correr na mata, o que facilitava a fuga. De repente, ouviu-se um grito:

— Socorro! Ajudem-me!

Era Rian que, ao tentar escapar em meio a um cipoal, encontrou-se de frente com dois adversários. Ele tentava fugir de todas as formas, atacando-os. Mas, apesar de lutar com habilidade, estava em desvantagem.

— Vamos voltar e ajudar o Rian – disse um de seus soldados.

Quando voltaram, perceberam que os dois adversários queriam capturá-lo vivo, razão pela qual não o haviam matado. O grupo atacou e os dois guerreiros adversários viram que estavam em desvantagem. Um deles desferiu uma facada que atingiu o abdômen de Rian, que caiu sangrando. Logo após, saíram em debandada e o ferido foi levado para a tribo, gritando de dor.

— Pai, mãe! Socorro! Eu vou morrer! – gritava Rian, aos prantos.

— Vá chamar o mestre Zulu para socorrer Rian – disse o pai, desesperado, a um rapaz que saiu correndo para encontrar o curandeiro.

— Mestre, venha depressa! Rian foi ferido e acho que vai morrer – disse o rapaz.

— O que aconteceu?

— Levou uma facada na barriga e sangra muito.

— Vá, meu filho! Busque uma toalha para mim, enquanto vou pegar as ervas para fazer o curativo.

Quando o mestre chegou, o rapaz já estava desfalecendo. Havia perdido muito sangue.

— Peguem uma bacia e um jarro com água limpa – ordenou.

O mestre colocou a água na bacia e lavou a ferida, retirando coágulos de sangue que se acumulavam na parede do abdômen. Depois, colocou água para ferver, juntamente com as ervas. Passados alguns instantes de fervura, adicionou mais um pouco de água fria para resfriar mais rápido e foi lavando as feridas, enquanto Rian gemia, quando recobrava momentaneamente os sentidos.

Terminada a lavagem, o mestre enrolou apertadamente o corpo do rapaz com a toalha para forçar as bordas da ferida a se unirem.

— Coloquem-no na rede. Ele agora precisa descansar – disse.

— Mestre, ele vai sobreviver? – perguntou a mãe aflita, às portas do desespero.

— Vamos esperar. O que tinha de ser feito, eu já fiz.

— Não deixe meu filho morrer – implorou ela, como se o mestre tivesse poderes sobre a vida e a morte.

Kauan, que trabalhava na construção de uma casa um pouco distante, viu um rapaz se aproximando e pareceu adivinhar o que tinha acontecido.

— Como está o meu irmão? – perguntou.

O rapaz narrou os detalhes do ocorrido e Kauan largou imediatamente o trabalho para juntar-se a Rian.

Nos dois primeiros dias, Rian raramente se mexia e a mãe lhe molhava os lábios para que não ressecassem. Mas, após o terceiro dia, o rapaz se contorcia na rede e falava palavras desconexas, apresentando febre e suando abundantemente. O mestre mandou aplicarem compressas, para baixar a febre. Rian delirava e tinha sonhos horríveis, sempre sendo perseguido por aquele Espírito que tempos atrás lhe perseguira. As falas, em tom de desespero, eram acompanhadas pela febre, que chegava a fazer tremer todo o corpo do rapaz. O Espírito do jovem morto na guerra e que tivera seu corpo servido como banquete, aparecia no delírio de Rian, fazendo com que ele entrasse em pânico.

— Agora eu o peguei, seu covarde! É hora de acertarmos as contas do passado, você irá comigo para onde eu vivo.

Dizendo isso, conduziu Rian, em Espírito, até uma região de sofrimento, onde entidades grotescas, imersas em lama fétida, disputavam uma comida gelatinosa e esverdeada, com odor desagradável. A expressão de cada um era de ódio e revolta, atracando-se a todo instante, como feras em luta. Rosnavam como cães acuados, vomitando uma gosma pegajosa que lhes escorria pela boca. Alguns tinham perdido completamente a forma humana.

— Largue-me seu verme! Deixe-me voltar ao meu corpo! Não é minha hora ainda e eu não quero ficar aqui. Não vê que estou ligado ao meu corpo por este fio prateado? Eu tenho que voltar.

De repente, Rian se viu novamente no corpo que ainda ardia em febre. Kauan, ao seu lado, aplicava-lhe passes curativos, e Celeste emanava fluidos revigorantes em direção a Rian. Após o quarto dia, o doente apresentava sinais de recuperação. O mau cheiro, quando era trocado o curativo, diminuíra e a febre ia cedendo aos poucos. Mas a expressão do rapaz ainda era a de um cadáver. Somente quando começou a se alimentar, foi que seu aspecto melhorou.

Enquanto Rian se restabelecia, Kauan não saía de perto do irmão, ora trocando-lhe os curativos, ora preparando a alimentação que era servida na boca.

— Aqueles desgraçados me pagam! Quero ficar bom para pegá-los. Eles usaram aquela família como isca, mas isso não ficará assim. Quero vingança! – dizia Rian.

— Pense bem, meu irmão! Você é que os estava atacando. Eles apenas se defenderam. Imagine se eles pegam nossos irmãos aqui da tribo? – perguntou Kauan.

— Eu acabaria com todos! Um por um. Enquanto corresse sangue nas minhas veias, eu lutaria para acabar com eles.

— Mas eles não nos atacaram, apesar de terem seus irmãos sequestrados e vendidos como escravos. Você já pensou na vida que devem levar numa terra tão distante, sem ao menos terem notícias dos familiares que aqui ficaram?

— Sei lá! Eu quero é que sofram mesmo. Não tenho pena desses desgraçados.

— Rian, os deuses tiveram misericórdia de você. A essas alturas, você já poderia ser um escravo, ou ter morrido, vítima dos ferimentos que recebeu.

Rian se lembrou do que vira quando estava delirando. Lembrou também do obsessor que o levou àquelas regiões de sofrimento. Parecia que, apesar do ódio que aquele Espírito lhe inspirava, de alguma forma os dois estavam ligados por uma frequência vibracional parecida. O que fazia com que Rian se sentisse bem na presença daquele perseguidor. Parecia que o amava, chegando a evocar algumas vezes a sua presença. Sabia que ele concordaria e até estimularia as ações de vingança que estava arquitetando.

No momento em que o irmão alimentava esses pensamentos, Kauan sentia uma repulsa terrível. Tinha ímpetos de sair imediatamente dali. Mas tentava se controlar e procurava emanar fluidos positivos, tentando harmonizar as energias de Rian que, por sua vez, também recebia esses fluidos com má vontade, parecendo não suportar as energias de Kauan.

Assim, o tempo foi passando e Kauan sempre atendendo aos chamados das pessoas doentes. Quando Rian já se encontrava quase recuperado, um emissário da tribo vizinha chegou correndo à procura do jovem curandeiro.

— Senhor, senhor, tenha misericórdia de meu pai! Ele está doente e a sua fama de curador dos enfermos já chegou à nossa tribo. Eu queria que curasse o meu pai. Ele é tudo para mim! Pelos Orixás, salve o meu pai!

— Calma, meu irmão! Eu não curo ninguém. Apenas faço orações para os doentes.

— Mas você já curou muitas pessoas e eu sei que pode curar também o meu pai.

Sem pestanejar, Kauan seguiu o rapaz em direção à tribo vizinha. Era uma caminhada longa pela mata para chegar à tribo, precisando, inclusive, cruzar a Zona Neutra. Quando a notícia chegou à família de Kauan, os pais ficaram desesperados, temendo que o rapaz tivesse caído em uma emboscada.

— Kauan é muito ingênuo, meu pai! Isso é uma emboscada, ele não voltará. Vamos convocar os guerreiros e atacar. Talvez ainda possamos resgatá-lo – disse Rian.

Quando os guerreiros se preparavam para sair ao encalço de Kauan, pai Zulu tomou a palavra e falou:

— Não precisam sair para buscar Kauan, pois ele voltará. A deusa da névoa disse que o menino Kauan vai desempenhar uma tarefa designada pelos deuses. Esperem, pois daqui a três luas ele voltará. Kauan é um enviado dos deuses e, se vocês forem, irão impedir que o menino cumpra a sua tarefa.

— Pai, esse velho não sabe o que está falando. Vamos assim mesmo, não podemos perder tempo – gritou Rian.

— Vocês irão enfrentar a ira dos Orixás, impedindo que o menino cumpra a sua missão. Ele sabe o que faz e tem a proteção dos deuses, vocês ainda não perceberam isso? – insistiu o ancião.

Diante desta argumentação, o chefe deu ordem aos guerreiros para que esperassem as três luas. Caso o rapaz não retornasse, atacariam. Nesse momento, Kauan acompanhava seu guia pela mata, sem duvidar de suas palavras. Era movido apenas pela necessidade de cumprir o seu dever. Alguma coisa lhe dizia que precisava seguir aquele rapaz e realizar uma tarefa que estava muito além de uma simples visita a um enfermo.

— Filho, corra! Seu pai está partindo. Uma mulher gritava desesperadamente, enquanto os dois se aproximavam de uma tenda, um pouco afastada das demais.

Ao entrarem, um homem, deitado numa rede, sorria enquanto seus pulmões paravam de funcionar. O rapaz entrou e Kauan o seguiu em silêncio, nesse instante o enfermo deu um suspiro e partiu. A família entrou em pânico, chorando a perda do chefe bondoso que amava mulher e filhos. Kauan também chorou, pois não teve tempo de fazer nada. Nesse instante, com a suavidade e serenidade de sempre, Celeste apareceu. Amparava o Espírito daquele homem em seus momentos iniciais, rumo ao plano espiritual.

— Filhos do meu coração! Ele cumpriu a sua missão. Não chorem! – consolou-os, por meio da inspiração.

Depois, virando-se para Kauan, disse:

— Meu querido, muito amado! Esse homem que agora parte comigo, ofereceu sua vida para que uma das mais importantes passagens de sua missão se realizasse. Agradeça-o, porque já estamos partindo.

Kauan ficou atônito sem entender as palavras de Celeste, que partiu juntamente com o recém-desencarnado. As pessoas da casa não conseguiram ver a grande mentora, mas perceberam a serenidade que ela lhes transmitiu. Kauan se perguntava:

— Por que uma missão das mais importantes, se não consegui chegar a tempo para assistir àquele homem?

No dia seguinte, aconteceu o sepultamento. Kauan olhava para o cadáver com expressão de serenidade e se perguntava:

— Por que quando ele estava se desligando, sorria? Qual seria a sua missão?

Mas, não encontrava respostas, nem sobre a missão do homem, nem pela passagem importante em sua vida, a que Celeste se referiu. Terminado o sepultamento, Kauan se despediu de todos, desejando que ficassem sob a proteção dos deuses. Precisava voltar, mesmo porque, na pressa, nem havia avisado sua família, quando partira juntamente com o rapaz que agora se oferecia para acompanhá-lo no regresso ao lar.

— Não se preocupe. Eu conheço o caminho e você precisa estar junto de sua família neste momento difícil.

Dizendo isso, Kauan abraçou a todos e saiu em direção ao lar. Decidiu passar pelas margens do lago para apreciar as belezas naturais, além de aproveitar a oportunidade para meditar, contemplando suas águas límpidas e tranquilas.

Capitulo 07

As borboletas do lago

Havia passado cerca de meia hora que Kauan caminhava, quando percebeu um barulho na mata. Parou, procurando se ocultar para descobrir do que se tratava. Surpreso, ouviu uma voz de mulher que cantava.

Aproximou-se, tomando o cuidado de não ser visto, e viu uma moça esguia que brincava às margens do lago. Esperou algum tempo para se certificar de que ela estava só. Como ninguém mais aparecia, procurou fazer barulho para chamar a atenção da moça e não assustá-la com sua chegada repentina. Sua respiração estava ofegante e o coração batia descompassado dentro do peito, provocando-lhe uma estranha emoção. Ao vê-lo, a moça quis correr, mas Kauan disse, em atitude de paz:

— Por favor, não corra! Não vou lhe fazer mal.

Ela nada respondeu e ficou parada, temendo correr e ser perseguida pelo rapaz.

— Quem é você? – perguntou Kauan, admirado com tamanha beleza.

Ela possuía traços das duas raças que lhe deram origem. Pele morena, cabelos lisos, ligeiramente encaracolados e muito negros. Grandes olhos pretos como a jabuticaba sob, uma sobrancelha grossa, que lhe emoldurava os olhos. Kauan ficou paralisado. Por alguns instantes, os dois jovens ficaram se olhando, como se estivessem fora de seus corpos, sentindo uma emoção imensa que os impedia de articular as palavras. Por fim, ela respondeu:

— Sou Kalu, filha do chefe da tribo Mashariki.

— O que faz aqui, sozinha?

— Venho sempre apreciar as borboletas. Parece que este lugar me remete ao passado. Tenho a sensação de já ter estado aqui há muitos anos.

Kauan olhou a paisagem da margem do lago e, também a ele o local pareceu familiar.

— Sou Kauan. Meu pai é o chefe da tribo Maghribi.

— Kauan? Eu já ouvi falar de você. Não é você que cura os doentes?

— Não. Eu apenas faço orações aos deuses. Quem os cura são eles.

— Então os deuses curam, por seu intermédio?

— É mais ou menos isso.

— Fiquei feliz em conhecer você, mas tenho de ir, porque se eu me atrasar, meus pais ficam preocupados.

— Não! Fique mais um pouco, quero vê-la novamente. Como posso...

— Eu virei aqui outras vezes, Kauan. Talvez me encontre novamente.

— Mas, como?...

— Saberá como me encontrar.

Dizendo isso, Kalu se afastou correndo. Kauan teve vontade de segui-la. Estava enfeitiçado por aquela moça. Mas se deteve, sabendo que não podia invadir a tribo vizinha. Então, parou para organizar novamente as ideias. Precisava voltar. Após relembrar cada palavra e cada emoção vivida momentos atrás, teve a sensação de que havia sonhado. Nunca uma mulher lhe havia tocado tanto o coração. Ao chegar à tribo, os guerreiros já se preparavam para atacarem a aldeia vizinha.

— Kauan, o que aconteceu? Você saiu às pressas, acompanhando aquele rapaz da tribo Mashariki. Você é louco? Como sabia que não era uma emboscada para lhe capturarem? Seu irmão tem aprisionado pessoas para vendê-las como escravos aos traficantes. É natural que eles queiram vingança.

— A tribo Mashariki é um povo pacífico, meu pai. Eu saí no cumprimento do meu dever para com os deuses. Eles me protegem.

— Você não pode se expor assim, pois é perigoso. Você é filho do chefe da tribo Maghribi e futuro herdeiro da chefia.

Rian, ouvindo a conversa, sentiu como se um punhal lhe traspassasse o peito. Ele alimentava a esperança de ser o novo chefe da tribo. Apesar de Kauan ter nascido alguns minutos à sua frente, ele achava que suas habilidades para a guerra e sua natureza ousada lhe conferissem o cargo. Por isso, foi taxativo com o pai:

— Você não pode deixar a chefia para o Kauan. Ele não tem capacidade para comandar os guerreiros. Nosso povo precisa ser respeitado; precisa de um chefe corajoso e que saiba defendê-lo.

— Filho, Kauan nasceu primeiro. Portanto, é o primogênito e, na tradição do nosso povo, o primogênito herda a chefia. Eu não posso quebrar a tradição.

Rian não aceitou aquelas palavras. Calou-se e começou a pensar numa estratégia que o colocasse como sucessor do comando da tribo.

Enquanto isso, Kauan não parava de pensar em Kalu. Teria de criar uma maneira de vê-la de novo. A imagem da moça não lhe saía da cabeça. Ele se lembrava repetidamente das palavras dela e o quadro que se lhe apresentou era a mais bela imagem que seus olhos haviam visto. Tinha certeza de que ela era o amor da sua vida.

Passaram-se os dias e Kauan não resistiu à vontade de rever Kalu. Saiu de casa pretextando ajudar uma família, cujo pai estava doente e pedia preces. Ao caminhar pela mata, ia pensando em como encontraria a moça, porque, quando se despediram, tudo havia ficado muito vago. Ao se aproximar das margens do lago, a emoção fazia com que a respiração se tornasse ofegante e o coração batesse como se fosse sair pela boca.

Kauan ainda não tinha conhecido o amor por uma mulher, mas, pelos sintomas, percebeu que estava apaixonado.

Aproximou-se do lugar onde Kalu brincava com as borboletas, imaginando que se ela quisesse vê-lo, deveria estar no mesmo local, para se encontrarem. Mas, Kalu não estava lá. Desanimado, sentou-se ali e passou a brincar com as borboletas, esperando que alguma ideia lhe viesse à mente. Passados alguns minutos, o rapaz notou que alguma coisa fez balançar a ramagem e ficou em estado de alerta. De repente, ouviu:

— Psiu, psiu!

Virou-se e se deparou com a moça, que estava deslumbrante. Caminhou em sua direção e ela também se aproximou, para que ele notasse que estava desacompanhada.

— Kalu! Como sabia que me encontraria aqui, neste momento?

— Eu não sabia que seria hoje, mas estava esperando pelo encontro.

— Como veio exatamente hoje?

— Kauan, eu venho todos os dias desde que nos encontramos. Já estava até pensando que você havia me esquecido.

— Esquecido? Como? Penso em você o tempo todo, desde que a conheci!

— Eu também sofria, quando voltava para casa sem ter lhe encontrado.

Essas palavras foram como um carinho no coração de Kauan. Elas diziam que Kalu também estava apaixonada. Aproximaram-se e se deram as mãos. Uma energia diferente percorreu-lhes o corpo. Caminharam até um pouco mais à frente, em direção ao lago, e sentaram-se, observando-o. Na superfície das águas, uma leve marola alcançava a areia e, ao recuar, deixava uma fina espuma onde as borboletas pousavam. Ali, permaneciam, até que outra onda viesse provocar uma colorida revoada. O cenário era perfeito para o casal que se amava, apesar de mal se conhecer. Kauan tomou a iniciativa da conversa e disse:

— Kalu, como poderemos nos amar, se pertencemos a tribos diferentes, que estão sempre envolvidas em conflitos?

— Pode deixar isso comigo, Kauan.

Kalu sabia que os pais não se oporiam, porque no passado haviam enfrentado essa mesma situação, quando sua mãe não aceitou as imposições de seus avós. Kauan não estava tão certo disso. Duvidava, mas não queria se preocupar com o futuro, naquela hora. Preferia viver o presente e aproveitar cada minuto em companhia de Kalu. A partir daquele dia, totalmente envolvido pelo forte sentimento de amor, Kauan passou a enfrentar longas distâncias para se encontrar com a amada, inventando os pretextos mais diversos. Em sua tribo, as pessoas já desconfiavam de tanta dedicação aos doentes da tribo vizinha.

Certo dia, Kauan havia saído cedinho. Rian resolveu seguir o irmão, às escondidas, pois queria matar a curiosidade. Chegando ao local do encontro, Kauan se sentou na areia e Rian se escondeu na mata para observar o irmão. Logo em seguida chegou Kalu, com colares coloridos no pescoço, pulseiras que combinavam com os adornos nos tornozelos. Estava mais linda do que nunca. O casal se beijou apaixonadamente. E, com a troca de carícias, o desejo passou a dominá-los. Um vento leve e agradável, vindo do lago, amenizava o calor e balançava as penas coloridas dos brincos da moça. Kauan se deitou na areia e, delicadamente, puxou Kalu sobre si. Quando os afagos foram se intensificando, a moça, como que voltando a recobrar o autocontrole, falou:

— Kauan, eu o amo muito e quero ser sua! Isso é o que mais quero, mas não vamos precipitar as coisas. Vamos deixar que tudo aconteça no momento certo. Quero que vá à minha tribo e fale com os meus pais. Assim, oficializaremos o nosso noivado e, o mais breve possível, poderemos nos casar.

— Tudo bem, Kalu! Mas eles não vão me aceitar. Você é a herdeira da chefia de sua tribo. Talvez seus pais queiram que você se case com alguém da sua aldeia, para manter a tradição.

— Kauan, confie em mim! Eu já conversei com os meus pais e eles não se oporão.

— É verdade? – perguntou o rapaz, sem conter a euforia.

— Sim! Daqui a três luas é aniversário da minha mãe e eu quero lhe apresentar a eles, durante a festa.

Já chegava a hora de Kauan voltar para não ser alcançado pela noite, na mata; o que seria perigoso. Beijaram-se e, ao saírem, Kalu acompanhou o rapaz até certa distância, tentando permanecer o maior tempo possível com ele. Kauan se despediu e partiu. Rian, que de seu esconderijo observava tudo, ficou deslumbrado com a beleza da moça. Nunca tinha visto tamanha doçura em uma mulher. Sentiu inveja de Kauan.

— Por que não fui eu que conheci aquela moça, durante nossas investidas para os sequestros? Por que não a encontrei? Eu a teria levado para a tribo e a faria minha escrava. Seria a escrava mais linda que existiu – disse para si mesmo.

Na volta para casa, Rian foi pensando numa maneira de conquistar a namorada do irmão. A estratégia era se aproximar de Kauan e ganhar-lhe a confiança, fazendo com que ele o apresentasse à moça. Talvez, quando Kalu o conhecesse, se apaixonasse por ele. Afinal, era um guerreiro hábil e isso deveria impressioná-la. Além disso, já andava orquestrando planos para se livrar do irmão, a fim de se tornar o herdeiro do comando da tribo.

Nos dias que se seguiram, Rian procurou estar próximo do irmão, até mesmo se interessando pelo seu trabalho, na esperança de que Kauan lhe contasse o que estava acontecendo ou lhe convidasse para conhecer Kalu. Aproveitou para se aproximar também dos pais; afinal, precisava ganhar-lhes a confiança para alcançar o objetivo de se tornar seu sucessor. Passadas as três luas, Kauan saiu, avisando aos pais que precisava visitar um doente e que não deveria voltar naquele dia, pois o enfermo exigia maiores atenções. Quando chegou ao lugar do encontro, Kalu já o estava esperando de braços abertos, linda como sempre.

— Vamos! Meus pais o esperam – disse ela.

— É mesmo? Ainda temo que eles não me aceitem.

— Você não confia em mim, Kauan?

— Sim! Mas, tenho medo. Afinal, não os conheço.

— Mas, conhece a mim. Não é o suficiente?

— Sim. Confio em você.

E seguiram guiados pela moça que ia à frente, de mãos dadas com o rapaz, conduzindo-o até a aldeia. Kauan a seguia apreensivo. O coração batia forte, suas mãos suavam frio.

Capitulo 08

Noivado e casamento

Ao chegarem à aldeia, os tambores já anunciavam a festa. As danças estavam animadas ao redor da casa de Kalu. A jovem conduziu Kauan até onde se encontravam seus pais, num lugar de destaque.

— Pai e mãe, venham conhecer Kauan! – disse a moça, enquanto entravam na casa.

Devido à euforia, Kauan percebeu que ela já havia mesmo conseguido o consentimento dos pais. Ele foi recebido com gentileza e alegria. Quando viu o futuro sogro, ficou espantado, apesar de Kalu já ter falado sobre ele. Era um homem por volta dos sessenta anos, pele clara e cabelos grisalhos. Parecia-se com os traficantes de escravos. Um calafrio lhe percorreu o corpo, pois ele não tinha um bom conceito sobre aquele povo.

— Kauan, venha! Sente-se aqui e fique à vontade – disse Luana.

Kauan se sentou e percebeu que as cadeiras eram de madeira, com assento e encosto de palha trançadas, diferentes das almofadas de sua casa. Outros objetos de adorno da casa também se pareciam com as mercadorias que os traficantes ofereciam em troca dos escravos.

— Seja bem-vindo, Kauan! Se você ama a nossa filha, nós também o amamos – disse Luana. — Não fique impressionado com o Henrique, meu marido. Ele é português, mas não é traficante de escravos, como os outros que aparecem por aqui. Ele é um homem bom e foi por quem me apaixonei, embora não fosse o gosto dos meus pais. Sofremos muito com isso e queremos que com você seja diferente. Saiba que o aceitamos de todo o coração.

Henrique também deu as boas-vindas ao rapaz, apesar de se manter mais calado, deixando que Luana falasse mais e fizesse as honras da casa. Kalu estava radiante, afinal estava apaixonada e Kauan fora bem recebido por seus pais.

— Fique conosco, Kauan! Agora vamos para a festa – disse Luana.

— Se eu não for incomodar, aceito.

— Não é incômodo algum. Fique para a festa.

Os tambores tocavam e todos dançavam, esperando as carnes de veados que haviam sido caçados recentemente e estavam nas brasas para serem assadas. Kalu dançava sem parar, fazendo com que o noivo também dançasse, apesar da timidez.

Quando se passaram três luas, as festas terminaram e Kauan retornou para a sua aldeia. Lá chegando, contou para os pais e para o irmão sobre o seu noivado, narrando como fora recebido na tribo vizinha. Todos escutaram admirados e, apesar de aflitos, ficaram satisfeitos.

Rian, ao ouvir a história, mostrou-se solidário ao irmão, chegando até a ouvir suas confidências sobre os detalhes do acontecimento, fingindo que não conhecia Kalu. Mas continuava pensando que quem deveria conquistá-la era ele, afinal era o mais ousado e se julgava mais atraente que o irmão. Agora, tudo havia ficado mais difícil, porque Kauan já gozava da simpatia e da confiança dos sogros.

Daí para frente, todas as vezes que Kauan ia visitar a noiva, ficava duas ou três luas com a família dela. Passaram-se os tempos e Kalu deveria conhecer os futuros sogros, porque estavam pensando em se casar brevemente.

— Pai, mãe, eu quero conhecer a família de Kauan. Afinal, vou me casar e deverei morar com meu futuro marido, na tribo Maghribi.

— Está bem, filha! Vou conversar com o seu pai para marcarmos a data de sua partida.

Luana temia pela filha e pelo que poderia acontecer na tribo Maghribi, apesar da proteção de Kauan. Afinal, ela era filha dos chefes da tribo Mashariki, herdeira da chefia, e as relações não eram amistosas.

— Henrique, Kalu precisa visitar os pais de Kauan, mas eu temo pelo que possa acontecer – disse ela ao esposo.

— Eu também tenho os meus receios, mas o que podemos fazer?

— Vamos conversar com Kauan e, em vez de irmos à tribo Maghribi, convidamos os pais dele para virem aqui. Assim será mais seguro.

— Boa ideia! Vamos esperar a vinda de Kauan, para fazermos o convite. Afinal, eles é que irão pedir a mão de nossa filha para o filho deles. Assim é a tradição.

Kalu também gostou da ideia, ela também temia pelo que poderia lhe acontecer. Quando Kauan chegou, conversaram a respeito e ficou acertado que ele levaria o convite. Tendo sido convidados, seus pais concordaram e, quando chegou o dia da visita, organizaram uma escolta para acompanhá-los. Deixaram ainda uma ordem ao comandante dos guerreiros que, se eles não voltassem, a tribo vizinha deveria ser atacada.

— Eu também quero conhecer a sua noiva, meu irmão – pediu Rian.

— Ótimo! Eu também quero que a conheça – concordou Kauan.

Rian queria aproveitar a oportunidade em que estaria junto dos pais e de uma escolta, em missão oficial, porque temia ser reconhecido como perseguidor dos habitantes daquela tribo. Quando a comitiva chegava próximo à aldeia Mashariki, os tambores já tocavam, anunciando a visita. Jovens cantavam e dançavam, saudando os visitantes, dando-lhes as boas vindas. Ao chegarem à residência real, após a cerimônia, a família de Kauan foi recebida por Kalu e seus pais. O Pai de Kauan falou:

— Senhor Henrique e dona Luana, nós estamos aqui em missão de paz. Nunca um chefe da tribo Maghribi visitou a tribo Mashariki e isso representa um grande passo para conseguirmos a paz tão esperada entre essas duas nações do lago. Viemos aqui também para pedir a mão de sua filha Kalu em casamento para Kauan e aproveito a oportunidade para agradecer a acolhida que vocês ofereceram a ele aqui. Digo ainda que Kalu e a sua família terão a mesma acolhida junto ao nosso povo. Gostaria de sua permissão e sua bênção, para que eles tenham a felicidade que merecem.

Kauan e Kalu assistiam a tudo com as mãos trêmulas, emocionados, principalmente por conseguirem que chefes de tribos rivais se sentassem à mesma mesa e conversassem amistosamente, sobretudo pela paz naquela região. No plano espiritual, Celeste e sua equipe da Colônia do Triunfo estavam em festa. Juntos, mandavam fluidos para a reunião, afinal era a missão que começava a dar resultados.

— Senhor Ruan e senhora! Eu e Luana já estamos velhos. Kalu é nossa única filha e herdeira da chefia da tribo. Hoje, nossos filhos não são mais crianças, pois têm plenas condições de chefiarem as tribos; tanto pelos valores que lhes passamos durante toda a vida, como por suas capacidades de liderarem nossos povos, com amor e paz. Portanto, concedemos a mão de nossa filha Kalu em casamento a Kauan. Mas, sob uma condição.

Os corações dos jovens bateram forte de ansiedade. Afinal, qual seria a condição?

— Nós vamos conceder, não apenas uma filha, mas uma rainha – prosseguiu Henrique. — No dia do casamento, estaremos transmitindo a ela a chefia da tribo. Mas eu quero que vocês também transfiram para Kauan a chefia da tribo Maghribi. Assim, os dois farão uma só chefia para uma só tribo.

Aquela condição pegou Ruan de surpresa, pois não esperava passar a chefia tão cedo. Mas, por outro lado, se não aceitasse a proposta, estaria colocando em risco a felicidade do filho, bem como a paz entre as tribos. Mas quem realmente se revoltou com aquela condição foi Rian, argumentando que ele e Kauan eram da mesma idade, pois tinham nascido no mesmo dia. Neste instante, Celeste e seus protegidos intensificavam fluidos direcionados ao pai dos rapazes, para que a melhor decisão fosse tomada. Ruan sentiu um arrepio percorrer-lhe o corpo e falou consigo mesmo:

"Se não aceitar, eu vou enfrentar a ira dos deuses e dos homens. A guerra poderá derramar rios de sangue e eu posso perder até meus próprios filhos."

Após uma pausa, respondeu:

— Senhor Henrique e dona Luana, no dia do casamento, a chefia da tribo Maghribi pertencerá ao meu filho Kauan.

Kalu não se continha de alegria. Estava surpresa, pois não sabia que seu velho pai iria lhe presentear daquela forma, presenteando também Kauan e todo o povo das duas tribos pela unificação e pela paz. Kauan não sabia o que pensar; preocupava-se com Rian, que tanto queria aquele título. A notícia foi dada ao povo da tribo Mashariki que comemorou, cantando e dançando ainda com mais alegria. A comitiva da tribo Maghribi foi convidada a permanecer ali por mais tempo. Ruan mandou um emissário à sua tribo avisar ao comandante que não era para atacarem, pois haviam sido convidados a ficar. O emissário saiu às pressas e deu a boa notícia ao comandante, o que fez com que os nativos de lá também comemorassem.

— Se Rian chegar aqui, mandando atacar a tribo vizinha, não obedeça – advertiu o emissário.

A festa na tribo Mashariki ia pela madrugada adentro, quando foram servidos os assados das melhores caças, além de peixes. Foi servida uma bebida forte que acompanhava as carnes. Kauan e Kalu comemoravam em um lugar afastado, deixando extravasar o seu amor. Anfitriões e convidados pareciam se conhecer há tempos.

Aproveitando um descuido de todos, Rian saiu sem ser notado. O ódio fez com que vencesse a distância com rapidez. Quando chegou à sua tribo, os guerreiros também comemoravam o acontecimento, pois todos desejavam a paz. Rian procurou o comandante e disse:

— Aconteceu uma desgraça! Nossos pais e Kauan foram vítimas de uma emboscada. Precisamos atacar, antes que seja tarde demais. Vamos, vamos!

— Rian. Não faça isto. O seu pai já mandou um emissário, informando o que aconteceu. Ele previu que você viria mandar atacar e ordenou que não o obedecêssemos.

— Eu estou ordenando! – gritou Rian. — Você tem que cumprir as minhas ordens. Reúna os homens e vamos atacar agora.

— Nosso chefe é o seu pai. Somente a ele devemos obediência.

Rian mordia os lábios com raiva. O plano havia falhado e sua vontade de provocar uma guerra fora descoberta. Quando a comitiva retornou, iniciaram-se os preparativos para o casamento de Kauan, bem como o seu coroamento como chefe das tribos, que doravante se constituiria em apenas uma: a Grande Nação do Lago. Quando perguntado, o comandante dos guerreiros não contou sobre a iniciativa de Rian.

Pai Zulu falou:

— A decisão foi acertada, porque se a chefia fosse dada a Rian, toda a tribo enfrentaria a "ira dos Orixás", pois a tradição estaria sendo quebrada.

Rian pensava num modo de assediar Kalu, pois, se conseguisse fazer com que a moça o aceitasse como noivo, seu pai seria forçado a lhe passar a chefia, afinal este era o dote exigido por Henrique. Logo se mostrou resignado e até mesmo entusiasmado com o casamento de Kauan, dizendo-se parceiro da nova chefia. Numa oportunidade, sob o pretexto de auxiliar na preparação da festa, Rian foi até a tribo Mashariki. A noiva de seu irmão estava linda como sempre.

— Kalu, precisamos conversar. Seremos cunhados e gostaria que me conhecesse um pouco mais, para que nos acostumemos a participar da mesma família – disse ele.

Com o consentimento da moça, Rian passou a falar de seus atos heroicos, sua bravura e coragem como protetor de Kauan, que sempre se mostrou ingênuo e pacífico. Falou das caçadas, procurando omitir seu envolvimento no sequestro de escravos.

— Muito bem, Rian! Eu amo o Kauan do jeito que ele é. Mas me sinto feliz e honrada em tê-lo como cunhado.

Kalu sabia do envolvimento de Rian nos sequestros e percebeu que ele omitira esse detalhe. Ela não se sentia bem diante do cunhado, percebendo-lhe a intenção. Procurou encerrar a conversa, apesar da insistência de Rian em fazer galanteios, que lhe causavam ainda mais aversão a ele. Rian saiu dali remoendo o seu ódio, mas ainda mais apaixonado pela cunhada. Kauan percebeu a intenção do irmão, mas confiava em Kalu. Sabia que ela não aceitaria o assédio e talvez isso fizesse Rian desistir.

Enfim, chegou o grande dia. A população das duas aldeias foi convidada para a festa que se realizaria na tribo Mashariki. Todos os guerreiros deveriam estar presentes, porque, além da cerimônia de casamento, seria realizada a sucessão das chefias e a formação da Grande Nação do Lago. A comitiva, ao chegar à tribo Mashariki, foi recebida com festa. Os chefes e os noivos se reuniram na tenda de Henrique e de Luana. Chegada a hora, saíram para o grande pátio, onde se realizou a cerimônia de casamento. Ao contrário dos demais casamentos, os noivos ali permaneceram para receber dos pais a chefia e constituírem a nova nação. Ali se nomearam os cargos da chefia, principalmente dos comandantes dos guerreiros que inicialmente formariam dois batalhões do grande exército chefiado por Kauan. Terminadas as solenidades, o casal Kauan e Kalu se dirigiu para a tenda nupcial.

— Kauan, você se lembra de quando estávamos à beira do lago? Quando contemplávamos o movimento das águas e as borboletas coloridas dançavam na areia, ao movimento das águas?

— Lembro-me! Por que você está se lembrando disso agora?

— É porque, naquele dia, estávamos entregues às nossas emoções e eu lhe pedi que parássemos, para que não estragássemos a magia do momento.

— Sim, Kalu, eu entendi.

— Eu tive medo de que você duvidasse do meu amor, mas não queria precipitar as coisas e estragar este momento, que agora é só nosso. Kauan, agora eu quero ser sua para toda a eternidade! Os deuses sempre estarão conosco.

Beijaram-se apaixonadamente e se entregaram sem reservas. Naquele instante, a névoa estava lá e, ao se dissipar, deixava uma leve brisa soprando suave e um doce perfume no ar. Na Colônia do Triunfo, Celeste e seus amigos celebravam o êxito da missão e a felicidade vivida por Kauan e Kalu.

Os tempos seguiram com a paz e a prosperidade reinando na nação do lago. Ao contrário do passado, em que o comércio com os europeus, principalmente com os portugueses, baseava-se na troca de produtos adquiridos na Índia por escravos, agora essa troca era feita por gêneros alimentícios, que abasteciam os navios de volta para o Brasil.

Kauan e Kalu estimulavam seu povo a progredir. Alguns até aprenderam o idioma português, para facilitar a relação comercial. Naquela época, os portugueses começaram a vender armas de fogo para os nativos, além de munição, principalmente pólvora. Esse comércio reforçava a defesa da aldeia contra possíveis invasões de tribos vizinhas, mas exigia maior quantidade de gêneros em troca, devido aos altos preços das armas e munições.

Rian comandava as negociações com os europeus, porque via neles futuros aliados para as suas pretensões de algum momento instaurar uma rebelião, por meio da qual, usando da força, usurparia a chefia do irmão. O povo da tribo adorava Kauan e Kalu, pois havia conseguido prosperidade e paz. Isso dificultava os planos de Rian, que depositava maior esperança num conluio com os brancos.

Capitulo 09

Traição de Rian

Certa vez, Rian chamou o comandante dos guerreiros da antiga tribo Maghribi, que agora era subordinado ao comando geral da tribo do lago e lhe fez a seguinte proposta:

— Vamos fazer uma emboscada para o comandante geral, homem de confiança de Kauan e, após matá-lo, juntamos alguns guerreiros de sua confiança, atacamos o palácio real e apreendemos o rei e a rainha. Depois, vendemos Kauan como escravo para os portugueses, porque, se ele ficar aqui, o povo não aceitará o novo governo. Eu assumo o palácio com a rainha, você se torna o comandante geral e homem da minha confiança. Assim, seremos o novo governo do povo do lago.

— Eu não gosto desse comandante. Gostaria de me livrar dele, mas quando conquistarmos o governo, você promete que me dará o comando geral?

— Sim! Prometo!

— Então, vamos executar o plano sem perda de tempo.

Esperaram o anoitecer e convocaram os homens, sob o comando do subcomandante, e marcharam em direção ao palácio. Ao chegarem, dominaram a guarda do palácio com facilidade, devido ao número muito maior de guerreiros sob o comando de Rian. Kauan e Kalu estavam em seu quarto, quando os guerreiros entraram para capturá-los. Kauan conseguiu fugir com a ajuda de amigos, mas sua mulher foi capturada.

— Kalu, esqueça Kauan! Me aceite como seu marido e continuará sendo rainha – disse-lhe Rian, mantendo-a prisioneira. — Aquele covarde não a merece, porque a abandonou. Nós dominaremos toda a grande nação e, se você ficar do nosso lado, os guerreiros da antiga tribo Mashariki nos apoiarão, sem guerras.

— Isso nunca! Kauan retornará com os outros guerreiros e dominará todos vocês! Ele me ama e lutará até o fim, para me libertar.

— Eu a amo muito mais, Kalu! Farei tudo por você...

— Cale-se, Rian e me solte! Fuja com os seus aliados, ou o Kauan e seu exército acabarão com vocês.

— Fugir? Isso nunca! Agora você é minha!

— Solte-me, verme imundo! Os deuses sempre estiveram do nosso lado. Como você pode ser capaz de se voltar contra o seu próprio irmão?

— Agora será diferente. Os deuses estarão do meu lado. Serei o rei da Grande Nação do Lago e você, com o tempo, acabará me amando. Ainda teremos muitos filhos, que serão futuramente os nossos sucessores.

— Você nunca me terá! Kauan vai me libertar.

Rian tentou se aproximar e Kalu, mesmo amarrada, conseguiu empurrá-lo, desvencilhando-se. Ele deu uma risada cínica, certo de que sua vitória estava consumada.

Quando Kauan fugiu, chamou seu comandante e, às pressas, foram organizando o contra-ataque a Rian e seus comandados, a fim de libertarem Kalu e retomarem o poder. A investida deveria ser bem planejada, porque naquela época já existiam armas de fogo compradas dos europeus e o palácio ficava num ponto estratégico, circundado por trincheiras que o protegiam, estendendo-se para o lado leste do lago.

A guerra já durava alguns dias, o cerco às tropas de Rian se tornava intenso. Grande parte das tropas comandadas pelo golpista havia se desertado e passado para o lado de Kauan. Brevemente, os rebelados teriam de se render, porque as provisões de alimento eram feitas pelas lavouras que ficavam do lado oeste.

Assim, em inferioridade numérica e sem ter como conseguir provisões, a rendição logo aconteceria. A notícia da guerra na nação do lago chegou ao conhecimento dos portugueses, que aportaram com uma esquadra carregada com armas e munições, que seriam trocadas por escravos. Com a guerra, imaginavam que deveria haver muitos prisioneiros para serem negociados.

A expedição dos portugueses partiu em direção ao lago, entrando pelo lado leste. Nesse momento, Rian se encontrava desesperado, pensando em fugir e levar Kalu como refém, para se defender do ataque do irmão.

No entanto, para seu alívio, chegaram os homens brancos, oferecendo grande quantidade de armas e munição. Era a salvação do irmão rebelado que, com o auxílio das armas de fogo, reverteria a situação. O que dificultava a negociação é que Rian dispunha de poucos prisioneiros para serem trocados. Assim, corria o risco de os portugueses negociarem com os adversários. Após serem mostrados os prisioneiros que entrariam na negociação, o chefe da expedição viu Kalu amarrada em um canto do palácio.

— Aquela escrava não entrará na negociação? – perguntou o português, no momento em que seus olhos brilharam de encantamento por ela.

— Não! Essa moça é a rainha desta nação e continuará sendo, quando conseguirmos ganhar a guerra – respondeu Rian.

— Só negociaremos se ela entrar na troca – pontuou o outro.

Rian ficou sem saída. Se não vendesse Kalu como escrava, estaria arruinado e muito provavelmente seria morto. Mesmo assim, recusava. Então, o português disse que estavam encerradas as negociações e que iria procurar o povo do lado oeste, que provavelmente teria bem mais prisioneiros para serem trocados.

Rian sabia que muitos dos seus comandados haviam caído prisioneiros pelas tropas de Kauan e, certamente, o seu irmão conseguiria as armas, selando assim o destino da guerra. Quando os negociantes já estavam de saída, Rian gritou:

— Espere! Levem a moça e nos deem as armas.

— Negócio fechado! – respondeu o português, com um sorriso malicioso nos lábios.

Assim, amarraram Kalu e os outros prisioneiros e entregaram as armas e a munição. Rian havia treinado a maioria de seus guerreiros para usar armas de fogo, o que facilitou a adaptação ao manejo delas. Assim que os portugueses saíram levando Kalu e os outros prisioneiros, Rian e seus comandados iniciaram o ataque aos adversários. À medida que avançavam ocorria uma carnificina geral. As tropas de Rian iam aos poucos conquistando os territórios dos aliados de Kauan, até que conseguiram a rendição deles.

Kauan havia fugido e ocultara-se na mata com seus leais companheiros. Sabendo do que acontecera a Kalu, partiram ao encalço dos portugueses, na tentativa de libertarem a prisioneira. Quando alcançaram a expedição dos brancos, armaram planos para resgatarem-na, procurando chegar até ela ocultos na mata. À noite, atacariam o vigia e libertariam os escravos que, no escuro, não seriam encontrados.

Tudo estava dando certo para executarem o plano. Mas, quando chegou a hora de agir, ao tentarem entrar no acampamento, o vigia percebeu e deu o alarme. Os guardas, usando armas de fogo, abateram vários guerreiros. Kauan, vendo que seria impossível enfrentar o inimigo, decidiu se entregar. Desse modo, pelo menos estaria perto de Kalu e, na medida do possível, tentaria protegê-la.

Kauan foi capturado e amarrado junto aos outros prisioneiros. Ao ver o marido, Kalu não se conteve e quase gritou de euforia. Mas o amado fez um sinal de silêncio. Não podia deixar que percebessem a ligação entre eles.

Capitulo 10

No navio negreiro

A marcha em direção à costa iniciou-se no dia seguinte, antes mesmo do nascer do sol. Kauan procurava uma maneira de escapar, mas era impossível. Os escravos caminhavam atrelados uns aos outros, sempre sob a mira das armas dos traficantes. Ao chegarem à praia, onde estavam aportados os navios, a maioria dos escravos tinha feridas nos pés.

Outra expedição logo chegava, levando escravos comprados em outras tribos da costa leste africana. Logo, procuraram atrelar escravos de tribos diferentes para dificultar a conversa e evitar alguma possibilidade de revolta. Os negros foram acomodados no porão do navio, onde o espaço era apertado e a ventilação insuficiente.

Após o embarque, os navios zarparam. Kauan percebeu que Kalu não estava entre eles e sentiu uma pontada no peito. O que teria acontecido a ela? Havia notado uma atenção especial do comandante para com a amada e isso o preocupava.

O comandante Mateus mantinha Kalu amarrada, em seu camarote, propondo-lhe que o aceitasse como amante.

Enquanto negociava com Rian, ficou sabendo que Kalu falava português, o que facilitava a compreensão de suas propostas. Mas, a moça se mostrava irredutível.

— Veja, Kalu! Se você me amar, não será tratada como escrava, mas como rainha – falou o comandante.

— Eu não quero ser rainha. Sou escrava e quero ser tratada como escrava. Mande-me para o porão, onde é o meu lugar.

— Não. Você não pode viajar naquele lugar imundo.

— Eu não me importo. Prefiro aquele lugar, a ser desrespeitada.

— Você é muito petulante, menina! Não percebe que agora é escrava e me pertence? Deverá me obedecer, ouviu?

— Sou sua escrava e você pode até me violentar. Mas, nunca terá qualquer sentimento de minha parte, a não ser asco e repugnância.

— Com o tempo, veremos. Eu não farei nada por violência, pois sei que se entregará a mim por sua própria vontade, quando se convencer de que é o melhor para você.

Kalu baixou os olhos, chorando baixinho, tentando esconder o rosto, pois não queria demonstrar fraqueza. Mas não adiantou. O comandante Mateus percebeu e tentou se aproveitar da situação.

— Não chore, minha querida! Não quero lhe fazer mal. Pelo contrário, quero dar tudo o que você merece. Estou apaixonado e farei tudo por você – disse, procurando colocar um tom amoroso na voz.

Kalu permaneceu calada. Não adiantaria dizer nada, pois sabia que era somente uma artimanha do seu captor. Pensou em Kauan, que deveria estar naquele lugar imundo. Ele havia se deixado capturar para tentar libertá-la e Kalu nem mesmo poderia vê-lo. Pensou nos momentos felizes que viveram juntos. Sabia que Rian iria tentar alguma coisa, mas nunca imaginou que fosse se rebelar contra seu próprio irmão. Tudo isso lhe passava pela mente, enquanto a viagem prosseguia.

Passaram-se alguns dias e o assédio continuava por parte do comandante Mateus, mas Kalu continuava firme. Certa vez, ele falou, com irritação:

— Olha, menina! Estou perdendo a paciência. Vou lhe mandar para o porão, junto aos outros escravos. Você está jogando a sorte fora. Talvez lá, repense as minhas propostas.

— Posso até morrer, mas morrerei com dignidade, seu verme imundo!

Quando Kalu disse isso, o comandante tentou beijá-la. A mulher cuspiu-lhe no rosto e recebeu uma bofetada.

— Pois vá, sua vagabunda! Lá é que é mesmo o seu lugar.

Ele não podia imaginar que Kalu estava mesmo querendo ir para o porão junto aos outros escravos. Isso lhe daria a oportunidade de estar com Kauan, além de se livrar daquele assédio constante. Ele tocou uma sineta e a porta de seu camarote se abriu. Logo, entrou um dos marinheiros.

— Leve essa vagabunda para o porão! – ordenou.

Quando o marinheiro abriu a portinhola que dava acesso à escada, subiu um mau cheiro horrível. Ao chegar ao compartimento onde se encontravam os outros escravos, a impressão que se tinha era a de um chiqueiro. Pessoas amarradas pelos tornozelos com argolas de ferro, enlameadas com urina, fezes e vômitos que eram constantes por causa do balanço do navio, que ali embaixo era bem mais forte. Aquela poça de lama, ora se acumulava de um lado, ora do outro, conforme a inclinação da embarcação. O marinheiro amarrou Kalu rapidamente e saiu em seguida, apressado em se ver livre daquele lugar.

Kalu pensou:

— Acho que morri e esse lugar deve ser a região para onde os deuses encaminham as pessoas que ousam desafiá-los.

Olhou para os lados e não viu Kauan. O que teria acontecido ao amado? Sabia que muitos já haviam morrido e seus corpos tinham sido jogados ao mar. Só de pensar que o amado pudesse estar morto, um calafrio percorreu-lhe o corpo. Mas logo se aquietou, lembrando-se de que Kauan era forte. Certamente sobreviveria movido pela força que o amor lhe despertava. Os dois lutariam bravamente, enquanto tivessem força.

Ela permaneceu no porão por três dias. Sentia náuseas e não queria comer. Seus olhos estavam perdendo o brilho e seu rosto parecia uma flor que, após dias de colhida, começasse a murchar. Foi assim que o comandante a recebeu, após ter mandado o mesmo marinheiro buscá-la.

— Vá tomar um banho, menina! Coma alguma coisa e depois conversaremos.

Kalu, sem dizer nada, foi tomar banho e aproveitou o momento o mais que pôde. Após o banho, encontrou sobre a mesa o alimento que seu corpo precisava para recompor as energias. Comeu com apetite, principalmente as frutas originárias de sua terra. Não via ninguém no camarote do comandante que, propositalmente, deixou-a isolada para que refletisse e aceitasse a sua proposta. Ele pensava que tirando Kalu do porão estava premiando-a, mas, ao contrário, ela preferiria ter ficado lá. Já fazia um bom tempo que a jovem se encontrava ali, absorta em seus pensamentos, quando o comandante entrou.

— Boa tarde, minha querida! Espero que tenha gostado de ser trazida de volta. Isso aconteceu porque tive piedade de você e quis trazê-la para perto de mim. Portanto, não dificulte as coisas. Eu poderia tê-la a força, pois você me pertence, mas não quero que seja assim. Quero ter o seu coração.

—Você poderá obrigar o meu corpo, mas nunca os meus sentimentos – respondeu ela, encarando-o com firmeza.

Na verdade, o comandante não usou a força contra Kalu, porque a elevação moral daquela rainha se impunha sobre ele, fazendo-o se sentir pequeno e mesquinho. O olhar de Kalu era altivo e nobre, deixando-o constrangido. Ela não disse mais nada, mantendo-se de cabeça baixa e isso o irritava profundamente. Enquanto falava, ele andava de um lado para outro, até que passou por trás de Kalu e tentou abraçá-la. Nesse instante, a moça reagiu, dando-lhe um empurrão e, por fim, falou:

— Não me toque, seu porco imundo! Enquanto eu tiver forças, você não terá o meu corpo. E, quanto ao meu coração, não o terá nem mesmo se me matar.

Ao dizer essas palavras, os olhos de Kalu faiscavam. A energia que colocava nas palavras parecia amedrontar o comandante, que recuou instintivamente. Agora era ele que não conseguia encarar a moça. Ela mantinha a expressão altiva como se recebesse um auxílio do Alto. Na verdade, era Celeste que vinha auxiliar sua tutelada. A porta da cabine havia ficado aberta e Kalu saiu dali para o convés do navio, enquanto o comandante se manteve no camarote, abatido moralmente e sem coragem para novas investidas.

No dia seguinte, pela manhã, o comandante mandou levar Kalu novamente ao seu camarote. Desta vez, procurou trocar algumas palavras com a moça, que respondia evasivamente. Então, ele trancou a porta por dentro e Kalu percebeu que naquele momento seria atacada. Fez uma prece. O homem tinha a respiração acelerada, as narinas muito abertas. De repente, levou a mão ao peito, com uma expressão de dor. Encostou-se à parede do camarote para impedir a queda, mas faltaram-lhe forças para se manter de pé. Escorregou até o chão. Seus olhos esbugalhados fixavam um ponto distante. Faltava-lhe ar, enquanto a dor queimava-lhe o peito. Kalu gritou para o marinheiro:

— Venha! Ele está morrendo!

O marinheiro arrombou a porta e correu para o moribundo, tentando massagear-lhe o peito. Num momento, o comandante fixou o olhar em Kalu, arregalou os olhos e gritou entre gemidos:

— Tirem essa mulher daqui! Ela é uma feiticeira! Joguem-na ao mar. Ela vai enfeitiçar a todos no navio.

Dizendo isso, deu um grande gemido e sua cabeça tombou para o lado. De sua boca saía uma saliva espumante, os olhos vidrados. Estava morto. Durante a agonia do comandante, ele viu Kalu envolta em uma névoa azulada e, ao seu lado, uma mulher de cujas mãos jorravam raios de luz. Foi nesse instante que gritou, julgando Kalu uma feiticeira. Quando ele deu o último suspiro, o marinheiro chamou os seus companheiros, que carregaram o corpo para o convés do navio, colocaram-no sobre grandes rolos de corda, introduziram uma cruz de madeira em suas mãos e acederam velas ao lado de sua cabeça. Ali rezaram e, após breve cerimônia, o corpo foi atirado ao mar.

O subcomandante Eduardo assumiu o comando do navio, diante de uma grande dúvida: o que fazer com Kalu? Jogá-la ao mar seria uma grande perda, pois ela devia render uns bons contos de réis no mercado negreiro. Mantendo-a, corria o risco de que todos naquele navio fossem enfeitiçados. Após muito refletir, Eduardo optou por não matá-la, mas também não a colocou no porão com os demais escravos, temendo-lhe a ira. Vez ou outra, quando os escravos eram retirados para os exercícios, Kalu era amarrada para evitar que tivesse contato com eles. Assim, a viagem continuava enquanto passavam os dias.

Por volta dos vinte dias de viagem, os escravos começaram a morrer em grande quantidade e o subcomandante

Eduardo se preocupou, pois estava perdendo grande parte da mercadoria, o que representava enorme prejuízo. Foi nesses dias que ele começou a apresentar um quadro de febre. Perdeu o apetite e caiu doente, sem conseguir se levantar. Todos os chás e remédios disponíveis foram ministrados, sem que fizessem efeito. Novamente, as suspeitas recaíram sobre a suposta feiticeira que estava a bordo. Então, foi dada a ordem para que ela fosse jogada ao mar. Quando os marinheiros se preparavam para cumprir a ordem, Kalu disse a eles:

— Vocês não precisam ter medo de mim. Eu não sou feiticeira, mas conheço uma maneira de curar o subcomandante. Se me jogarem ao mar, não saberão como curá-lo.

Diante daquelas palavras, os marinheiros recuaram e foram consultar o subcomandante, contando-lhe o que Kalu havia dito.

— Deixem a moça falar. Ela pode ser uma esperança – disse ele.

Então, Kalu falou:

—Vão até o porão e tragam um escravo de nome Kauan. Ele tem o dom da cura e poderá salvar o subcomandante.

Imediatamente, Kauan foi levado ao camarote. Mas, em função do mau cheiro e da fraqueza em que se encontrava, deram-lhe banho e o alimentaram antes de levá-lo à presença do enfermo. Kalu, ao ver Kauan, não se conteve e gritou:

— Ah, meu amor! Você está vivo! Que os deuses sejam louvados!

Conseguiram se aproximar e se abraçarem rapidamente, antes que os marinheiros o conduzissem para junto do subcomandante, que tremia de febre. Sob a atenta observação daqueles homens, Kauan colocou as mãos sobre cabeça do enfermo, pedindo aos deuses que o curassem. Tempos depois, percebendo que ele começava a reagir positivamente, os marinheiros permitiram que Kauan prosseguisse, até o dia em que Eduardo se restabeleceu completamente.

— Agora que estou curado, podem voltar com o escravo para os porões – ordenou o subcomandante.

— Se levarem Kauan para os porões o subcomandante adoecerá novamente – ameaçou Kalu, blefando, para tirar o seu amado daquele lugar horrível.

A partir daquele dia, até o final da viagem, quando os navios aportaram no Rio de Janeiro, Kalu e Kauan permaneceram no convés.

— Ah, meu amor! Que saudade! Eu não sabia se você estava vivo. Soube que muitos haviam morrido, por não suportarem os maus tratos no porão. Eu mesma estive lá alguns dias, mas não consegui ver você no meio de tanta gente.

— Eu também não a vi, mas por que foi parar lá, se o comandante a mantinha aqui em cima?

Kalu contou o que havia acontecido, inclusive sobre as investidas que sofrera.

— Aquele verme teve o que mereceu! A essas horas já deve ter sido comido por algum tubarão – falou Kauan.

Kalu e Kauan estavam amarrados, cada um de um lado do navio, o que lhes impedia de se abraçarem e se amarem, como sempre faziam quando tinham liberdade.

Enquanto isso, na tribo, Rian organizava o seu governo, providenciando recompor o que a guerra havia destruído. Não era bem-visto pela população, que amava Kauan e Kalu. Mas, por meio da força, impunha a sua maneira de governar, apesar da insatisfação de seu povo.

Certa noite, pai Zulu falou que a tribo estava sob a "ira dos Orixás" e, por causa disso, foi amarrado e espancado.

— Não tem importância, meus *fios*! Os Orixás vingarão no momento certo e nessa hora todos que cometem esses crimes vão pagar – falou pai Zulu, enquanto sofria o castigo.

Capitulo 11

Comércio dos escravos

Quando a esquadra aportou na cidade do Rio de Janeiro, os escravos foram desembarcados. As celas que os recebiam eram pequenas e os cativos foram divididos em lotes, para facilitar a comercialização. Kauan e Kalu foram separados e cada um foi para a sua cela. Ali, ficaram por alguns dias até que chegou o momento de serem apresentados aos compradores.

Ali, no Rio de Janeiro, uma família de fazendeiros de Minas Gerais possuía uma linda casa. Essa família foi destituída de sua propriedade tempos atrás, quando D. João VI, temendo as tropas de Napoleão Bonaparte, na Europa, refugiou-se no Brasil, com sua comitiva. Não tendo como abrigar a comitiva real, D. João requisitou as melhores moradias para abrigar a nobreza que o acompanhava. Os oficiais colocavam as iniciais PR (príncipe regente) na porta e os moradores tinham de desocupar a casa. O povo interpretava as iniciais PR como “ponha-se na rua”.

O Sr. Mário teve de transferir a família para a fazenda Mantiqueira, apesar de não estar totalmente construída. Rosinha, sua filha, e Dona Marisa, sua esposa, acostumadas aos confortos da cidade e à vida agitada nos meios sociais, encontravam-se entristecidas e esperavam a construção de outra casa no Rio. O fazendeiro era produtor de açúcar e dispunha de recursos para a construção da residência, mas necessitava de escravos para esse fim. Depois, os negros seriam transferidos para trabalharem na lavoura e nos engenhos.

No dia da comercialização dos escravos recém-chegados da África, o Sr. Mário convidou a esposa e a filha para irem ao mercado negreiro, a fim de ajudarem a escolher duas escravas que serviriam como mucamas das senhoras. No mercado, encontrariam Jerônimo, capataz da fazenda Mantiqueira, e que também ajudava na escolha dos negros.

O Sr. Mário e Jerônimo fecharam o negócio de um lote de negros fortes, aparentando boa saúde, condição indispensável para os trabalhos braçais. Dona Marisa escolheu Berta, uma negra que andava por volta dos quarenta anos, pois lhe inspirou confiança. Rosinha, ao passar em frente à Kalu, notou o Espírito elevado da moça e, sem pestanejar, pediu ao pai que a comprasse.

— Quero esta! – gritou o Sr. Mário, para o comerciante que oferecia a escrava.

— Devo lhe informar que o preço desta moça é dois contos de réis.

— É muito caro! É duas vezes o valor de um negro sadio e forte.

— Bem, ela já foi pretendida por outras pessoas que ficaram de decidir. Mas, se o senhor concordar, nós fechamos agora.

Kalu ouvia a conversa e torcia para que fosse fechado o negócio, pois se simpatizou com aquela família.

— Não. É muito caro! Vamos escolher outra, Rosinha.

Ao ver a tristeza da filha, o Sr. Mário voltou atrás e comprou Kalu. Quando a moça foi separada dos outros e Jerônimo se preparava para tratar dos papéis da compra, Kalu se jogou aos pés do Sr. Mário, suplicando:

— Senhor! Não me separe do meu marido! E contou parte de sua história.

O Sr. Mário ficou admirado e condoído com o que ouviu. Ficou também surpreso com o fato de Kalu falar português, o que facilitaria o convívio com sua filha.

— Senhor, meu marido também fala português e sabe trabalhar em construção de casas. Ele fazia isso em nossa tribo! Pelos deuses, não nos separe.

— Ele sabe construir casas de taipa?

— Sabe, sim senhor!

A moça continuava em atitude de profunda súplica, inclusive se agarrando aos pés do Sr. Mário. Após as negociações de praxe, o negócio foi fechado. Kalu respirou aliviada, enquanto beijava os pés do seu senhor. Dona Marisa e Rosinha se emocionaram pela cena que acabavam de presenciar. Quando estava tudo acertado, o negociante chamou o capataz, solicitando o ferro com as iniciais do Sr. Mário para marcar os escravos.

— Não é necessário, senhor! O meu patrão não utiliza essa prática – disse Jerônimo.

Ao ouvir isso, Kalu se sentiu ainda mais aliviada. Ela tinha certeza de que os deuses os estavam protegendo. Jerônimo designou ao feitor a tarefa de levar os escravos para a fazenda, ficando apenas com Kauan e mais alguns para iniciarem a construção. Instalariam alojamentos no terreno, onde seria construída a casa. Após passear um pouco pela cidade, visitando as antigas amizades, a família foi para o hotel onde ficaria até o dia seguinte, quando retornaria para a fazenda. A viagem transcorreu sem que nenhum fato de relevância acontecesse.

Na fazenda também moravam Joana, sobrinha de Dona Marisa, que ficara órfã dos pais ainda criança, e Júlio, filho mais novo de Dona Marisa e do Sr. Mário. Bento, o filho mais velho do casal, que era chamado de Bentinho, já há algum tempo fora estudar em Portugal, realizando a vontade do pai. Assim que a comitiva chegou, Júlio e Joana foram receber os pais e a irmã. Kalu e Berta estavam admiradas com a beleza e o tamanho da fazenda, as duas estavam apreensivas com suas novas vidas que ali se iniciavam. No íntimo, sabiam que os deuses estavam no controle e que seus novos senhores eram pessoas de bem.

O feitor Francisco levou os escravos para a senzala, onde iriam residir dali para frente. O Sr. Mário, após descansar da viagem, foi para o escritório, percebendo que Júlio havia cuidado de tudo com o zelo de costume. Kalu pensava em Kauan. Sabia que o amado, apesar de distante, estava bem e que tão logo terminasse a construção no Rio de Janeiro, também seria levado para a fazenda. Dona Marisa chamou Sebastiana e Benedita e lhes ordenou:

— Quero que mostrem toda a casa para Kalu e Berta. Mostrem também as funções que vocês desempenham aqui. Elas vão trabalhar com vocês.

— Sim, Dona Marisa – responderam as duas mucamas.

Rosinha tomou a palavra e disse:

— Minha mãe, vou levar Kalu até o meu quarto. Estou cansada da viagem. Enquanto tomo um banho, aproveito para falar sobre os seus afazeres de agora em diante.

Benedita não gostou do que ouviu da sinhazinha, percebendo que aquela nova escrava ocuparia o seu lugar. Sebastiana e sua filha Benedita foram afastadas, por se tratarem de pessoas que não inspiravam confiança às sinhás, sendo transferidas para os serviços da cozinha. Rosinha chamou Kalu e as duas foram para o quarto da sinhazinha.

— Kalu, me prepare um banho. Aqui está a bacia. Coloque água morna e as rosas.

Kalu atendeu à ordem da sinhazinha, indo à cozinha providenciar a água. Lá chegando, Benedita já estava assumindo suas novas tarefas. Olhou para Kalu com desprezo e ciúme, admirando sua beleza, com um sentimento de revolta. Quando Dona Marisa ensinava à Berta o serviço que ela iria desempenhar, Kalu servia de intérprete. Com o tempo, a escrava passou a falar um português misturado com sua língua de origem.

No dia seguinte, Dona Marisa, Joana e Rosinha ficaram organizando os guarda-roupas, juntamente com as novas acompanhantes, cuidando de cada peça. Depois fizeram o mesmo com as louças e utensílios da copa, que ficaram desleixados pelas antigas mucamas.

— Vamos passear a cavalo amanhã bem cedinho – disse Júlio para as meninas.

— Ótimo! – disseram ao mesmo tempo, demonstrando entusiasmo.

— Eu já estava com saudades dos nossos passeios pela fazenda – disse Rosinha.

Ao raiar do novo dia, saíram para o passeio. Júlio chamou o cocheiro que esperava com a carruagem preparada para levá-los até o estábulo, onde cada um tomaria seu cavalo. Kalu ficou esperando no estábulo. Ao redor, havia uma lagoa de águas límpidas onde se apanhava água para os animais. Ela se aproximou do leito e viu algumas borboletas voando. Lembrou-se do seu lago. Como era majestoso! Como suas borboletas eram mais coloridas! Lembrou-se do dia em que conheceu Kauan. Quanta coisa havia mudado em sua vida. Na África, era rainha; no Brasil, uma escrava.

Nesse enlevo, transportou-se para o antigo lago. Viu-se diante de seu povo, dos seus entes queridos. Mas, no instante seguinte, estava ali, às margens daquela lagoa. Levou as mãos no rosto e as lágrimas rolaram em abundância. Sabia que sua vida tinha um propósito, mas não entendia por que tinha que passar por aquelas dores. Sabia que reencontraria Kauan e isso a consolava. Depois de algum tempo, ele estaria ali. Esta esperança a mantinha viva e lhe dava forças para enfrentar o presente. Lembrou-se de quantos conterrâneos seus não tiveram essa sorte. O que lhes esperava eram apenas trabalho duro e castigos impiedosos.

Enquanto agradecia aos deuses pela proteção, Kalu sentiu uma névoa ao seu redor. Percebeu que não estava só, apesar de não ver ninguém junto de si. Isso a confortou ainda mais. Sob o efeito daquela sensação, ouviu os gritos de alegria dos três jovens que retornavam do passeio. Aproximava-se a hora do almoço e todos deveriam estar à mesa na hora certa.

— Kalu, você estava chorando? – perguntou Joana.

— Não é nada importante – respondeu resignada. — Apenas lembranças do meu povo e da minha terra. Quero que o tempo passe logo, para que eu possa ao menos ver o meu marido. Ele é tudo para mim! Foi o que me restou daquela vida de felicidades.

Entraram na carruagem que se dirigiu para a casa grande, onde o almoço foi servido. O calor era intenso e, após a refeição, todos se mantinham sob a proteção do teto, repousando em redes de dormir, onde a leitura ajudava a passar o tempo. Nessa hora, os escravos trabalhavam debaixo do sol e as acompanhantes se dedicavam a recolher a louça e a organizar a copa.

Em pouco tempo, a construção da casa do Rio de Janeiro ficou pronta. Kauan estava contente com o fim das obras e mais feliz ainda por saber que agora iria para a fazenda, onde se reencontraria com Kalu. No dia seguinte, os escravos partiram do Rio para a fazenda. A viagem seguia tranquila, mas para Kauan parecia muito demorada. Ele não via a hora de se encontrar com a esposa. À tardinha, quando o sol já se escondia no horizonte, a carruagem chegou ao portão da fazenda.

Kalu estava na varanda da casa, fazendo companhia a Rosinha, que se encontrava deitada na rede, embalada por sua escrava. Não conseguindo se conter, a mucama pediu à sinhazinha permissão para ir ao encontro do marido. Enquanto o feitor recebia os outros escravos, Kauan e Kalu correram um em direção ao outro e se abraçaram. A emoção era tão grande, que os dois permaneceram abraçados por um longo tempo, sem dizerem uma só palavra. Após o período de silêncio, Kauan finalmente disse:

— Minha querida, que saudade! Vamos agradecer aos deuses que nos amparam sempre, por mais esta oportunidade de estarmos juntos, sem as amarras que nos separavam na viagem do navio.

— Kauan, como esperei por este momento! Graças aos deuses, agora poderemos viver em paz.

Naquela noite, como de costume, os negros se reuniram para cantar e dançar no pátio da senzala. A família assistia da varanda da casa grande e apreciava aquele momento de felicidade. Kauan e Kalu dançavam como namorados apaixonados. O Sr. Mário ordenou a Jerônimo que liberasse Kauan do trabalho no dia seguinte, enquanto a sinhazinha também liberava Kalu, para que os dois pudessem matar a saudade. No dia seguinte, diante da narrativa de Jerônimo sobre a eficiência de Kauan, destacando os valores morais do escravo, de sua resignação à nova realidade e da sua grande eficiência, o Sr. Mário mandou chamar o rapaz. Quando Kauan recebeu o comunicado para se apresentar ao seu senhor, sentiu um calafrio, temendo se tratar de reprimenda ou castigo por alguma falta. Apresentou-se cabisbaixo, em atitude de profunda humildade.

— Kauan, venha até o escritório. Preciso lhe falar.

Chegando ao escritório, o Sr. Mário disse:

— Entre, rapaz! Não se acanhe.

— Com sua licença, senhor! Fiz alguma coisa errada?

— Não, Kauan, pelo contrário! Ouvi muitos elogios a seu respeito. Sei que sua mulher é mucama aqui na casa grande e que nos serve da melhor maneira também.

Nesse instante, o Sr. Mário fez uma pausa e pediu que chamassem Kalu. O casal permaneceu de cabeça baixa à frente dele, com os corações aos pulos, sem a menor ideia do que iria acontecer. Ele voltou a falar:

— Como já disse, recebi elogios sobre você, Kauan. Também os recebi sobre Kalu. Portanto, como prêmio à sua dedicação, eu quero lhes oferecer o quarto do porão da casa grande. Ali, vocês poderão morar, até que fiquem prontas as casas que vamos construir para que cada família viva separadamente, cuidando dos seus pertences e fazendo a sua própria comida.

Os olhares dos dois se cruzaram numa explosão de alegria. Caíram de joelhos aos pés do senhor, agradecendo-lhe o reconhecimento e a generosidade.

— Levantem-se, meus filhos! Digam a todos que seremos uma grande família nesta fazenda, onde partilharemos os lucros e, aos poucos, todos terão a sua liberdade. Podem ir e comecem a organizar a sua casa.

Kauan e Kalu saíram e foram para o quarto que lhes fora destinado. Organizaram a cama e os demais móveis que se encontravam guardados ali, sem serventia para os patrões, e montaram a sua casinha. Mais tarde, saíram sob a claridade da lua em direção ao rio onde se banharam e se amaram sobre a grama. Naquela noite, dormiram juntos e em paz, coisa que não faziam há muito tempo. A noite foi pequena para que eles pudessem se amar e conversar, fazendo planos para o futuro.

Conforme planejado pelo Sr. Mário, todos foram incumbidos de dedicar a parte da tarde para recolher madeira, barro e demais materiais para a construção de suas casas, uma vez que a jornada diária havia sido reduzida, para atender a esta necessidade. Era com entusiasmo e alegria que os negros se empenhavam no trabalho da jornada, assim como na construção de suas casas. Kauan orientava com maestria sobre as técnicas de construção. Assim, as residências logo ficaram prontas e as famílias instaladas. Todos na fazenda gozavam da felicidade proporcionada pelas decisões do Sr. Mário, que sempre se aconselhava com Júlio, que também se destacava pela compreensão e generosidade, a exemplo do pai.

Júlio se misturava com os negros na organização de atividades recreativas, principalmente em rodeios e pescarias.

Todos se divertiam, inclusive mulheres e crianças. As pescarias, além de proporcionarem diversão, ofereciam peixes frescos, tanto para a casa grande, como para as famílias dos negros. Aos domingos, era ministrado um culto católico no pátio da senzala onde, por meio do sincretismo religioso[8], todos ficavam satisfeitos, cultuando seus próprios deuses. Após o culto, sempre se organizavam atividades recreativas.

Os dias transcorriam com muita paz. Os escravos já viviam em suas próprias casas, cuidavam de suas famílias e de seus trabalhos com mais dedicação e empenho. O Sr. Mário estava satisfeito com os progressos e com a dedicação das famílias, que passaram a receber parte dos lucros para que, no futuro, pudessem se alforriar.

Assim, aos poucos, ia sendo resgatada a dignidade e a alegria daquele povo que tivera seus valores aviltados por traficantes e senhores desalmados. Em algumas fazendas, os animais recebiam tratamentos mais dignos que os escravos. Destruía-se a autoestima e a esperança do indivíduo. Muitos cometiam suicídio, por não terem a esperança de um futuro promissor. Essas práticas induziam os negros a se revoltarem até com seus próprios companheiros, tornando-se seres animalizados. Mas quando um negro cometia uma indisciplina ou falta grave na fazenda do Sr. Mário, não era submetido a castigo violento. A punição se constituía em vendê-lo para outros senhores, onde as regras poderiam ser bem mais rígidas.

---

[8] *Sincretismo religioso é substituição dos santos católicos pelos deuses dos africanos.*

Capitulo 12

Doença do Sr. Mario

O processo de colheita, moagem da cana e confecção do açúcar havia encerrado. Isso exigia que o Sr. Mário fosse para o Rio de Janeiro, a fim de comercializar a produção. Dona Marisa e Rosinha também iriam para conhecer a casa nova. Dona Marisa queria mandar confeccionar os móveis, cortinas e tapetes, além de comprar os utensílios necessários. Era com muito entusiasmo que preparavam tudo para a viagem. Levariam Berta, deixando Kalu com a função de governanta da casa grande, além de fazer companhia para Joana. Júlio se encarregaria de conduzir a fazenda na ausência do pai. No dia marcado, pela madrugada, a carruagem partiu em direção ao Rio de Janeiro.

Quando estavam para chegar à cidade, o Sr. Mário sentiu falta de ar, seguida de fortes dores no peito. A carruagem parou para que o chefe da família fosse socorrido. Após algumas massagens, dona Marisa molhou um lenço com álcool e aproximou do nariz do marido que, aos poucos, foi se recuperando. Após o susto, tudo voltou ao normal e a família chegou ao destino sem maiores contratempos. O cocheiro se apressou em desembarcar as malas e utensílios e, em seguida, foi levar os cavalos para a cocheira onde seriam tratados e alimentados.

Foi com grande alegria que dona Marisa e Rosinha conheceram todas as dependências da nova casa. Rosinha logo escolheu o seu quarto, mas não puderam dormir lá, porque não tinham móveis nem as roupas de cama e mesa. Berta tinha muito trabalho, pois era a única mucama da casa. Em meio a tantas tarefas, recordou o dia em que chegou ao Rio e que fora comprada por Jerônimo para servir à família do Sr. Mário. Lembrou-se de sua família, da qual nunca mais tivera notícias.

Após tomarem conhecimento de tudo, o Sr. Mário disse:

— Vamos nos hospedar no hotel, até que sejam comprados os acessórios.

Ao chegarem ao hotel, tomaram banho e foram jantar no refeitório.

— Mário, amanhã mesmo eu quero que procure o médico e conte o que aconteceu na viagem, para que sejam feitos os exames e o tratamento adequado – advertiu dona Marisa.

— Não se preocupe! Foi só um mal-estar passageiro. Não é nada grave.

— Mas, mesmo assim, é bom procurar o médico.

— Está bem! Eu procurarei o Dr. Osvaldo e você cuidará das compras.

Saíram logo cedo, no outro dia. Enquanto dona Marisa fazia as compras, o Sr. Mário foi procurar o médico, que era um velho amigo. Após a consulta e alguns exames, o doutor concluiu que o ataque sofrido por seu paciente fora causado por excesso de cansaço e emoção pela casa nova.

Quando o Sr. Mário retornou para casa, dona Marisa já havia chegado das compras e esperava que o material fosse entregue.

— E então, Mário, como foi a consulta? – perguntou, ansiosa por saber o resultado.

— Muito boa! Estou ótimo! O Dr. Osvaldo disse que o que aconteceu foi apenas cansaço e ansiedade.

— Que boa notícia! – falou dona Marisa, demonstrando alívio. — Amanhã, vamos ao cais do porto receber o Bentinho. Quando cheguei em casa, encontrei a correspondência avisando do seu regresso. A carta havia chegado tempos atrás, mas como a casa estava fechada, o carteiro esperou para entregá-la depois.

O Sr. Mário ficou contente com a notícia da chegada do filho, que havia partido há quatro anos. No dia seguinte, mandou preparar a carruagem para irem ao porto esperar a chegada do navio. Esperaram por toda a manhã, mas o navio só chegou à tarde. Ao ancorar no porto, as pessoas começaram a descer a rampa. Quando, ainda no convés, Bentinho avistou a família, abanou o chapéu, chamando a atenção para si. A família se emocionou ao ver Bentinho, principalmente a irmã que havia sofrido muito com sua partida. Ao descer, todos abraçaram o rapaz que se tornara um homem.

Bentinho era um jovem bonito, de boa estatura e corpo bem feito. Tinha os olhos azuis, que herdara de dona Marisa, e a pele clara. Ao contrário de Júlio, que, assim como a irmã, era moreno e tinha os olhos castanhos.

Passados os cumprimentos, entraram na carruagem que se dirigiu para casa. Ao chegar, Bentinho admirou a nova residência e brincou com dona Marisa, dizendo que ela ganhara dois presentes: a nova casa e o novo filho. A mulher sorriu satisfeita, demonstrando certa preferência por ele, apesar de não poupar carinho, inclusive para Joana, filha adotiva e sobrinha legítima. Bentinho passou a contar como eram as coisas em Portugal. A modalidade de vida, os costumes e a vida universitária. Havia se formado em direito e ostentava o diploma para a família, que estava orgulhosa pelo título do rapaz.

— Júlio e Joana, não vieram para o Rio de Janeiro? – perguntou Bentinho.

— Não, meu filho! Eles ficaram tomando conta da fazenda – respondeu a mãe.

Bentinho fez cara de quem estava percebendo alguma coisa, mas não queria adiantar nada. Sabia que, com o passar dos tempos, tudo se esclareceria. Havia percebido, pelas cartas de Joana, que nas entrelinhas ela deixava transparecer um carinho especial por Júlio.

"Esse meu irmão não sabe aproveitar a nossa condição de família rica, que goza de bons conceitos na cidade do Rio de Janeiro, para se dar bem com moças ricas e da sociedade carioca" – pensou.

No dia seguinte, Bentinho acompanhou o pai para negociarem a venda de açúcar. A quantidade da produção e a qualidade do produto faziam com que exigissem preços mais elevados. Depois de muito negociarem, fecharam acordo com um exportador, que ficaria com toda a produção. Ambos ficaram satisfeitos e, voltando para casa, contaram à família, que também se alegrou com o bom negócio realizado.

Passadas algumas semanas no Rio, a família se preparou para retornar à fazenda. Bentinho havia participado de festas e bailes na cidade, conhecido algumas garotas cariocas e se aproveitava, tanto da situação econômica, como do título de doutor, para impressionar as moças que passaram a disputar a sua companhia. Numa manhã, dona Marisa havia dito a Bentinho que se preparasse, pois a família retornaria para a fazenda.

— Eu não vou. Prefiro ficar por aqui. Quero montar o meu escritório no Rio; afinal, foi para isso que me formei advogado.

Dona Marisa chamou o marido e falou da decisão de Bentinho em ficar no Rio, convencendo o Sr. Mário que o rapaz tomara a decisão correta. O pai acabou se rendendo à escolha de dona Marisa e do filho.

No dia seguinte, a família seguiu rumo à fazenda. Desta vez, a viagem correu tranquila e o Sr. Mário estava muito satisfeito com a volta do filho, com a venda do açúcar e com a sua saúde. Ao chegarem, foram recebidos por Júlio e Joana. A família tinha muito para contar, inclusive sobre a chegada de Bentinho e do seu escritório no Rio de Janeiro.

Passaram o resto da tarde falando sobre as novidades e o Sr. Mário tratando dos negócios com o Júlio, que ficou empolgado com o lucro obtido na venda do açúcar.

No Rio de Janeiro, Bentinho procurava um sócio para montarem o escritório. Passava as noites frequentando bailes da corte; recebia amigos e muitas moças em sua casa, ostentando seu título de advogado e filho de fazendeiro rico. Assim, conheceu Roberto, um advogado também recém-formado. Bentinho propôs a Roberto montarem um escritório em sociedade e os dois passaram a trabalhar juntos. Mas Bentinho mal ajudava o amigo, que passou a fazer a maior parte dos serviços do escritório, enquanto o filho de dona Marisa se dedicava mais às boemias e a Luiza, moça que conhecera em uma das suas festas. Luiza havia tocado o coração do rapaz e logo ficaram noivos.

Passaram-se os tempos e, com a venda da safra do açúcar, uma parte dos lucros foi dividida entre os negros. Apesar de ser uma pequena quantia, representava a esperança de um futuro de liberdade. Com o término das casas, os fazendeiros vizinhos, que necessitavam do trabalho de um técnico em construções, procuravam o Sr. Mário e o Júlio para alugarem os serviços de Kauan. A ideia de casas individuais para os escravos tinha dado certo. Vários fazendeiros aderiram à prática, que se constituía de pequenas residências umas ao lado das outras, formando um retângulo, com muros altos e grande portão ao centro, que era fechado à noite, impedindo a saída dos escravos.

Kauan, ora estava trabalhando em uma fazenda, ora em outra. Isso lhe proporcionava algumas pequenas gorjetas que, somadas ao valor recebido pela distribuição dos lucros da fazenda, ia se constituindo numa pequena soma que seria destinada à sua alforria e da esposa. Certa vez, ele trabalhava, desmanchando a velha construção de uma senzala. Já havia derrubado algumas paredes, quando, ao pé de um esteio de aroeira, lavrada a machado, sua ferramenta tocou em um pedaço de tecido que o tempo havia feito apodrecer. Devido ao estado em que se encontrava o pano, teve a curiosidade despertada. Cavou em redor para preservar o achado e constatou que se tratava de uma bolsa. Quando a tocou, ela se desmanchou, deixando ver algumas pepitas de ouro. Rapidamente voltou a enterrá-la, para esperar que os companheiros de trabalho se afastassem.

Ao se encontrar só, Kauan foi desenterrando cuidadosamente e encontrou várias outras pepitas. Não sabia o valor daquele ouro, mas deduziu que fosse valioso. Pensou na sua alforria e de Kalu, e o coração bateu mais forte. Ao final da jornada, pegou a trouxinha que fizera para acondicionar o ouro e cavou a terra batida em baixo de sua cama, enterrando ali o valioso achado. Naquela semana, trabalhou com ansiedade para retornar à sua casa. Chegando à fazenda, procurou imediatamente o sinhozinho Júlio e relatou o que havia ocorrido, pedindo a ele que ficasse com o ouro, em troca de sua liberdade e de Kalu.

— Vou até a vila. Há lá um comerciante de pedras preciosas. Vou ver quanto ele paga pelas pepitas.

Kauan confiava no sinhozinho e esperou a semana seguinte para saber o valor de seu tesouro. Quando voltou a se encontrar com Júlio, este lhe disse:

— O seu tesouro vale dois contos de réis. Não é suficiente para lhes comprar a alforria, mas, se você juntar as suas economias, mais os lucros da próxima safra, poderá comprar a sua liberdade e da sua mulher.

Mesmo assim, foi grande a alegria de Kauan e Kalu que vislumbravam a liberdade. Kalu também guardava algumas economias, enterrado-as ao pé de um dos esteios que sustentavam a casa.

Capitulo 13

O reencontro

Num de seus trabalhos, numa fazenda vizinha, Kauan se deparou com uma das cenas mais tristes de sua vida. Um negro estava amarrado ao tronco, onde um capataz, portando uma chibata, aplicava-lhe golpes impiedosos. As costas nuas do negro já estavam em carne viva, enquanto gemia de dor e desespero a cada chibatada. Com o passar do tempo, o rapaz foi diminuindo os gemidos até que não mais reagia, quando os golpes rasgavam suas carnes. Kauan tentou interceder, mas foi contido.

Ao término do açoite, o capataz mandou que um auxiliar aplicasse água com sal nas feridas. O negro deu mais um gemido entre os dentes cerrados. Quando terminou, o capataz mandou que os negros que assistiam à cena tomassem conta do rapaz, que parecia mais morto do que vivo. Kauan correu junto com os outros para socorrer o moribundo. Quando o desamarraram, a cabeça, que estava pendida para baixo, se voltou para cima e Kauan pode ver-lhe o rosto. Não! Não podia ser! Aquele jovem era Rian. Não havia dúvidas. Apesar do espanto, conteve-se e não deixou ninguém perceber de quem se tratava.

Levaram o rapaz para a senzala, um galpão grande, coberto com palha de sapé, onde os negros dormiam. Com cuidado, devido às feridas nas costas, deitaram-no de bruços. Kauan apanhou água limpa, lavou as feridas cuidadosamente, enxugou com a camisa que uma negra tinha acabado de lavar, e aplicou azeite com ervas de propriedades cicatrizantes. E passou a noite ao lado do irmão, que mais parecia um defunto. De vez em quando, ele soltava um gemido, quase sem forças. Das feridas das costas, de quando em quando, escorria água misturada com sangue. Kauan enxugava com cuidado, porque ao menor toque, o negro soltava um gemido. Oferecia-lhe água constantemente para evitar a desidratação. Enquanto velava o sono do irmão, Kauan pensava no que poderia ter acontecido a ele. Como Rian fora parar ali?

Mil perguntas iam e vinham em sua mente, sem encontrar respostas. Parecia que os deuses haviam programado tudo, para que ele pudesse socorrer o irmão. Nessas divagações, concluiu o que deveria ter acontecido, mas silenciou, pois queria ouvir da boca do próprio Rian. Os dias passaram e as feridas começavam a cicatrizar em alguns pontos, mas em outros apresentavam sinais de inflamação, o que fazia com que o rapaz ficasse com febre. Durante os períodos febris, ele falava palavras desconexas, dando a impressão de que era perseguido.

Com o tempo, tudo foi melhorando. Os senhores permitiam que os escravos cuidassem do doente, para evitar que morresse e desse um prejuízo ainda maior. Quando Kauan se aproximava, Rian fingia dormir, sem coragem de olhar nos olhos do irmão. Mas, foi Kauan que, percebendo a situação, chamou por Rian:

— Meu irmão, o que aconteceu? Por que você veio parar aqui?

— Perdoe-me, Kauan! Sei que não sou digno, mas rogo e suplico o seu perdão, eu traí você...

— Fale de como veio parar aqui.

— A história é longa. Eu era o rei da nação do lago, mas o comandante chefe dos guerreiros me traiu. Conspirou contra mim e, com a ajuda dos meus inimigos, tomou o poder, dizendo que eu não tinha o direito de governar. Fui vendido aos portugueses que me jogaram naquele navio imundo. Comi alimento misturado com fezes para não morrer de fome. Chegando ao Brasil, fui vendido para esse fazendeiro, que me marcou com ferro quente e me trata como animal. Ele queria que eu me submetesse a esse feitor imundo, mas sou rei e tenho de ser tratado como tal. Não aceito a humilhação de ser escravo. Ainda serei livre e vou me vingar de todos.

— O que aconteceu, para que fosse condenado a ser açoitado desse jeito?

— Eu estava na lida no campo, amarrado pelos pés, sempre tomando chibatadas do feitor. Alguns dias atrás, revoltado, eu cuspi no rosto do senhor que me comprou.

— Rian, meu irmão! Nós éramos reis na nossa nação, mas aqui somos escravos. Temos que aceitar nossa nova condição, pois só assim sofreremos menos. Os deuses nos proporcionaram essas situações para nos ensinar os princípios de humildade que não conseguimos aprender por nós mesmos, ou para que possamos resgatar débitos de outras vidas, quando fizemos aos outros o que fazem conosco agora.

Kauan dizia essas palavras, mas percebia que o irmão não conseguia compreender e que não estava disposto a aceitar com humildade a sua nova condição.

— Me perdoe, meu irmão, e me ajude, senão eles vão me matar.

— Vou ver o que posso fazer. Mas, lembre-se, eu sou escravo como você.

Era sábado e Kauan retornaria à fazenda Mantiqueira para passar o domingo com a esposa, pois no contrato de aluguel de seus serviços constava que o domingo seria livre e que, se ele cometesse alguma falta, seria julgado pelos seus senhores, não por capatazes ou qualquer outra pessoa. Ao chegar em casa, Kalu o esperava, feliz por rever o marido. Kauan se jogou nos braços da esposa, amaram-se como da primeira vez e conversaram em seguida, quando a mulher perguntou:

— Kauan, o que aconteceu? Você está esquisito, parece que está me escondendo alguma coisa.

Ele pensou em mentir para ela, mas não teve coragem. Nunca o tinha feito e, além disso, não havia motivos para esconder a verdade. Por fim, criou coragem e falou:

— Assisti ao açoite de um negro na fazenda onde estou trabalhando.

— É, meu amor! Deve ser uma cena chocante. Nem todos os senhores são humanos como os nossos, que tratam os negros como gente também.

— Mas, no caso, o negro mereceu o castigo...

— Kauan, não há nada que justifique castigos como esses. Mas, estou estranhando você falar desse jeito. Acho que está me escondendo alguma coisa.

Kauan ficou pensativo, mas não falou nada. Kalu percebeu, mas também permaneceu em silêncio, respeitando a atitude do marido. Conversaram sobre outros assuntos, mas o instinto feminino dizia a ela que a história não havia terminado. Aguardou mais alguns momentos e, entre carícias, disse:

— Meu amor! Agora, que já passou algum tempo, você não vai me falar o que está acontecendo?

— Kalu, eu estou diante de um problema sério. Sabe o escravo de quem lhe falei? Ele não aceita a escravidão, porque em sua terra, era rei. Está afrontando os senhores e não aceita os meus conselhos para se submeter à sua nova condição.

— Kauan, se todos os negros se rebelassem contra seus senhores, talvez fosse o caminho para resgatarmos a nossa liberdade. Fiquei sabendo que os brancos tentaram escravizar os índios e eles não aceitaram, rebelaram-se e promoveram ataques às fazendas, até que as autoridades proibiram a escravização dos índios.

— Mas, meu amor, os índios tinham as tribos aqui no Brasil para lhes darem suporte. Quanto a nós, o nosso povo está na África. Como poderá nos apoiar, no caso de uma rebelião?

— Você tem razão, meu querido! É apenas um sonho meu.

— Kalu, as coisas se resolvem muito mais facilmente por meio do amor do que pela guerra. Confie, os deuses estão do nosso lado!

— Então, por que você está tão preocupado?

— O negro de quem estou falando é o Rian.

— Rian? Mas, como pode ser? Você tem certeza? Como descobriu isso?

Kalu fazia várias perguntas ao mesmo tempo, sem dar tempo para Kauan responder. Estava atônita diante daquela revelação. O marido esperou ela se acalmar e explicou:

— Kalu, quando o Rian deu o golpe, usurpando o nosso poder e nos vendendo aos traficantes, ele se coroou rei, com a ajuda do comandante dos guerreiros. Mas, o povo não o aceitou, pois todos queriam que nós fôssemos os seus reis. Rian os dominou pela força, com as armas que recebeu dos portugueses e que distribuiu aos seus comandados. Mas a força dos homens não é maior que a força dos deuses. A grande força é o amor! Assim, as mesmas pessoas que o ajudaram a chegar ao poder, tiraram-no do governo e o venderam como escravo.

Kalu estava perplexa com a narrativa do marido, mas suas palavras faziam sentido. Agora ela entendia porque Rian não conseguiu permaneceu no governo da tribo.

— E agora, Kauan, o que você está pensando em fazer?

— Primeiramente, em recuperar Rian. Seu estado ainda inspira cuidados. Depois, vou conversar com o capataz, para ver o que pode ser feito.

Chegou a segunda-feira e Kauan novamente retornou ao serviço na fazenda do Sr. Milton. Rian já estava melhor. O capataz tinha ido até a senzala para verificar seu estado de saúde, para reintegrá-lo ao trabalho no dia seguinte.

Kauan passou na senzala para rever o irmão.

— Bom dia, Rian! Está melhor?

— Estou, mas o capataz já vai me colocar no serviço, amanhã.

Kauan não disse nada. Pegou suas ferramentas e saiu para o trabalho. Passado algum tempo, o capataz mandou um negro dizer a Kauan que precisava lhe falar. Ele imaginou que o capataz queria lhe falar sobre Rian e não se enganou.

— Você conhece aquele negro que foi castigado, por que cuspiu no rosto do senhor? – foi logo perguntando, sem ao menos cumprimentá-lo.

— Fiquei conhecendo, quando fui prestar socorro, no tronco.

— Por que se empenhou tanto na recuperação dele?

— Ora, porque é nosso dever sempre socorrer os nossos irmãos.

— Achou que o castigo não foi merecido?

— Não acho nada! Não sei o que aconteceu. Portanto, não posso julgar.

Com aquelas perguntas, o capataz queria saber o que se passava entre Kauan e Rian, temendo uma conspiração. Mas, diante das respostas recebidas, descartou a ideia, julgando tratar-se apenas de solidariedade entre negros. Mediante à posição sincera e decidida de Kauan, e querendo afastar Rian dos outros negros, o capataz disse a Kauan:

— Amanhã eu vou colocar esse negro para trabalhar com você, na construção. Qualquer falta que ele cometer, me avise que eu o coloco de novo no tronco.

As coisas estavam dando certo para Kauan, que queria aproveitar o contato com o irmão para lhe dar conselhos. Pretextando buscar uma ferramenta na senzala, ele procurou Rian e o avisou que no dia seguinte trabalhariam juntos. Rian demonstrou alegria ao receber a notícia. Mas, no dia seguinte, quando o feitor foi recolher os escravos para o trabalho, não encontrou Rian. Procuraram por toda parte, mas ninguém deu notícias dele. Ele havia fugido. Quando o capataz foi avisado sobre a fuga, enfureceu-se e mandou chamar Kauan.

— Negro, você está de cumplicidade com aquele fujão. Você esteve com ele, em todos esses dias de convalescença e deve saber alguma coisa. Vá contando, senão quem vai para o tronco é você.

— Senhor, eu já lhe disse que não sei de nada. Apenas dediquei a ele os cuidados que dedicaria a qualquer um que estivesse doente.

— Então, o que você quer é ir para o tronco também?

— Senhor, capataz! Mande-me para o tronco e se verá com o meu senhor. Não conhece os termos do contrato de prestação de serviços?

Diante das palavras e da segurança de Kauan, o capataz mudou a maneira de se dirigir a ele, dispensando-o para continuar o trabalho. Kauan saiu dali preocupado com o que poderia acontecer ao irmão, pois sabia que os negros fugitivos eram logo capturados. De fato, o capataz logo contratou os capitães do mato que saíram ao encalço de Rian. Seguiram as pegadas até o rio e perceberam que ele deveria ter seguido a nado, para não deixar rastros e desviar o faro dos cães.

Atravessaram o rio no lombo dos cavalos, que nadaram até a outra margem. Seguiram pela margem e, logo adiante, os cães voltaram a farejar as pegadas. Rian ouviu o latido dos cães e deduziu que eram os seus perseguidores que estavam em seu encalço. Tentou voltar ao rio, mas percebeu que não conseguiria fazê-lo sem ser alcançado. Subiu em uma árvore e não demorou muito para que os cães descobrissem o seu esconderijo.

Os capitães do mato chegaram, avistaram Rian na copa da árvore e deram ordem para ele descer. O rapaz não atendeu. Então, um dos perseguidores apontou sua espingarda e atirou. O chumbo arrancou a casca do galho próximo a Rian. Não havia outro jeito, tinha que se entregar. Ao chegar ao solo, foi amarrado pelo pescoço, com as mãos para trás, e atado à sela do cavalo. Para piorar a situação, um dos cães mordeu-lhe a canela. O sangue escorreu pela perna até os pés, formando uma lista vermelha. Os homens deixavam os cães morderem para treiná-los na captura de outros fujões. Quando chegaram com o fugitivo à fazenda, seu corpo era uma ferida só. Kauan, ao ver o irmão chegar naquelas condições, não se conteve e chorou. Afinal, aquele sangue era o mesmo que corria em suas veias. Por mais traições e dificuldades que Rian lhe causasse, ele não conseguia sentir ódio pelo irmão.

Nestas condições, Rian foi jogado na senzala como um cão moribundo. Kauan novamente foi providenciar o socorro ao irmão, que desta vez necessitava ainda mais, pois tinha feridas por todo o corpo. Novamente, lavou-lhe as feridas, aplicando azeite e as ervas cicatrizantes. Rian apenas gemia e, quando tocado, soltava gritos horríveis, mas mesmo assim o irmão não deixava faltar os cuidados necessários. Dessa vez, quando sob o efeito da febre, ele falava palavras desconexas, como se lutasse com um inimigo invisível que o aprisionava, impondo-lhe dolorosos castigos.

Passando o período da febre, as feridas já estavam cicatrizando, mas Rian continuava a sentir crises de desespero, debatendo-se, como um cão raivoso. Isso assustava os negros, que passaram a temê-lo, pensando que se tratava de um demônio. As crises foram se tornando mais frequentes e mais intensas, cessando apenas quando o irmão chegava. Aquele estado de demência era mais um motivo de preocupação, quando Kauan ia visitar a esposa e deixava Rian apenas com os outros negros.

Ao chegar em casa, Kalu já o esperava como de costume. Depois de se abraçarem e beijarem, a moça notou o abatimento nos olhos do esposo e um sinal de desânimo que não eram próprios do seu comportamento.

— Kauan, meu amor! Você está abatido e desanimado. Imagino que sejam problemas com o Rian. O que aconteceu desta vez?

O marido relatou à esposa o que havia acontecido e, durante a narrativa, Kalu mantinha os olhos marejados, terminando em intenso pranto. Por fim, ela disse, entre soluços:

— Kauan, os deuses foram generosos conosco, nunca permitindo que nos afastássemos um do outro. Mas, quando tudo parece estar se resolvendo; quando estamos conseguindo viver em paz, o seu irmão aparece e nos causa problemas.

— Não seja injusta com os deuses Kalu! Já pensou que, se eles nos mantém juntos é porque nunca abandonamos o Rian, por maiores que sejam os problemas?

— Sim, meu amor! Eu não estou dizendo que devemos abandonar o Rian. Mesmo porque ele é seu irmão. Devemos ajudar com cuidado, para não nos envolvermos nas suas confusões. Apesar de ser seu irmão, ele é diferente de você. Ele quer alimentar sua ambição, mesmo que seja à custa da nossa desgraça.

— Eu sei minha querida! Já aprendi a lição – respondeu Kauan, abraçando-a fortemente.

Quando Kauan voltou à fazenda, Rian estava amarrado pelo pescoço do lado de fora do galpão, porque em suas crises não deixava os outros escravos dormirem, prejudicando o descanso para enfrentarem a jornada seguinte. Essa imagem cortou o coração de Kauan. Durante a semana, a situação permaneceu assim. Na hora das refeições, era necessária a presença do irmão, porque Rian rosnava como um cão e ameaçava qualquer pessoa que se aproximasse. Numa tarde, o capataz procurou Kauan no trabalho e falou:

— Olha, negro, o patrão mandou matar aquele louco, hoje à noite, sem chamar a atenção dos outros. Pensei em levá-lo até a mata, eliminá-lo com um tiro na cabeça e enterrá-lo lá mesmo. Você vai comigo.

— Senhor capataz, aquele escravo está sob o domínio do Espírito de um homem que foi morto por ele. Se matá-lo, serão dois que virão a lhe perseguir e o senhor poderá cair na mesma situação em que ele se encontra.

O capataz se assustou com aquelas palavras, afinal, elas faziam sentido. Um pai de santo havia lhe dito a mesma coisa, no passado.

— Senhor, eu tenho umas economias guardadas. Não é muito, mas se o senhor libertar esse negro eu lhe pago dois contos de réis – propôs Kauan.

A proposta aguçou a ambição do capataz. Ele ficou pensativo e por fim perguntou:

— O que faremos com ele? Quem o matará?

Antes que Kauan dissesse qualquer coisa, o próprio capataz respondeu:

— Já sei! Vá à senzala, pegue as ferramentas para cavarmos a sepultura e me ajude a levá-lo até a mata.

Kauan obedeceu. Depois, passaram no estábulo e pegaram dois cavalos. O capataz amarrou Rian pelo pescoço, prendendo também os seus braços e amarrou na sela do seu cavalo. Kauan foi atrás, levando as ferramentas. Ao chegarem ao interior da mata, o capataz amarrou Rian em uma árvore, ele tinha os olhos esbugalhados e gritava desesperadamente, achando que o irmão pretendia se vingar das traições. Por isso, implorou clemência, fazendo mil promessas a Kauan, que se mantinha calado. O capataz apontou a arma para Kauan e disse:

— Cave o buraco, negro.

Kauan obedeceu e, enquanto cavava, pensava no que iria acontecer. De repente, sentiu a presença de Celeste e ficou mais tranquilo. Quando tinha cavado a metade da profundidade, o capataz o mandou parar.

— Desamarre o negro e o traga aqui.

Kauan obedeceu e trouxe o irmão, puxado pela corda, como um cachorro.

— Solte-o.

E, dirigindo-se a Rian, ordenou:

— Suma daqui, seu negro imundo! E nunca mais apareça, senão eu lhe mato na mesma hora.

Rian desapareceu como um raio na escuridão da mata. O capataz mandou Kauan jogar a terra na sepultura, tomando o cuidado de deixar um monte de terra mais acentuado, imitando as sepulturas normais. Em seguida, fizeram uma cruz de madeira, amarrada com um pedaço de corda, e afixaram na extremidade da sepultura. O capataz pegou a espingarda, apontou para o alto e disparou dois tiros. Depois, disse a Kauan:

— Vamos embora, negro. Se você abrir a boca, eu lhe mato. Passe-me o dinheiro!

— Está na minha casa. Na próxima segunda-feira, eu o trago.

Na segunda-feira, Kauan retornou com o dinheiro. Pagou o capataz e viu seu sonho de liberdade escapar.

Tudo voltou ao normal naquela fazenda. Apesar da comoção geral entre os escravos, que ficaram sabendo do assassinato do negro louco. Passados alguns dias, Kauan estava trabalhando numa construção próxima ao portão de entrada da senzala, quando chegou um policial a cavalo e lhe disse:

— Bom dia, negro! Vá anunciar ao seu senhor que a polícia precisa lhe falar.

— Sim, senhor, eu vou avisar – respondeu Kauan, prevendo problemas com Rian.

Correu até o capataz e informou sobre a presença do policial. O capataz logo atendeu em nome do fazendeiro.

— Bom dia! Sou o capataz da fazenda e o senhor me mandou recebê-lo. De que se trata?

— Capturamos um negro na vila. Ele tem as costas marcadas por castigos e os pés feridos, indicando que fez longas caminhadas. Queria saber se não é fugitivo desta fazenda.

— Ah, deve ser um negro para quem o meu patrão concedeu liberdade. Ele é louco e apresenta uma doença contagiosa, que ameaçava contaminar todos nós. Para evitar que os outros negros ficassem doentes, o senhor o libertou.

O policial agradeceu e se apressou em retornar. Precisava dizer ao seu superior para se livrar do preso, a fim de evitar uma contaminação no quartel. O trabalho havia terminado e Kauan retornou à fazenda Mantiqueira, onde passaria algum tempo trabalhando no engenho.

Capitulo 14

A partida do Sr. Mário

Era manhã, quando o Sr. Mário montou em seu cavalo para vistoriar a lavoura. Cavalgou por toda a propriedade e voltou na hora do almoço, quando o calor era intenso. Apeou e um negro se apressou em levar a montaria para o estábulo. Quando acabou de subir a escada da casa grande, o fazendeiro voltou a sentir as dores no peito, perdeu o equilíbrio e caiu junto à soleira da porta. Faltava-lhe ar e a dor lhe oprimia o peito, a ponto de parecer que iria lhe quebrar as costelas. Tentou gritar, mas só conseguiu emitir um gemido. O barulho da queda chamou a atenção de Berta que, ao ver o senhor caído, gritou com todas as forças, chamando a atenção das pessoas da casa.

Os olhos do Sr. Mário estavam extremamente abertos. Ele estava muito pálido e a respiração provocava um ronco esquisito. Júlio correu até o pai, chamando-o e abanando-lhe o rosto com o chapéu. Bateu levemente em sua face, tentando em vão reanimá-lo. Com a ajuda de Berta, Joana e Kalu, carregou-o até a cama. A seguir, mandou Jerônimo enviar um negro, a galope, até a vila para chamar o médico.

Nessa hora, o Sr. Mário foi envolvido por uma sensação estranha. Sentiu que flutuava, e, ao seu lado, estava sua mãezinha querida, desencarnada há mais de vinte anos. Viu outras pessoas também, mas não conseguiu identificá-las. Logo, o quarto foi inundado por uma névoa azulada e uma figura de mulher de rara beleza, aos poucos se fez notar. De suas mãos, saíam suaves radiações em forma de luz. Era Celeste.

Nessa hora, as pessoas que ali se encontravam, principalmente dona Marisa e Rosinha, que rezavam com um terço nas mãos, pedindo a Deus que não levasse o Sr. Mário, tiveram uma forte sensação de serenidade. Aos poucos, dona Ana, mãe do Sr. Mário, foi se aproximando do filho. Celeste e dona Ana o levantaram do corpo, cada uma segurando em uma das mãos. Ele olhou demoradamente para o corpo estendido no leito, olhando também para as outras pessoas que ali estavam, como se quisesse se despedir. Acompanhado pelos dois Espíritos amigos, ganhou as esferas superiores.

Júlio, Joana, Rosinha e dona Marisa choravam sentidamente, enquanto o corpo do Sr. Mário ia se tornando pálido como uma pedra de mármore. Chegaram Sebastiana e Benedita com os olhos arregalados, a perguntar o que havia acontecido. Berta se encarregou de informar às duas cozinheiras. Todos estavam como que paralisados, sem saber o que fazer, quando Jerônimo chegou. Enquanto as negras se encarregavam de arrumar o corpo, para ser colocado no caixão, o capataz mandou um negro ir ao engenho chamar Kauan. Disse para interromperem o trabalho, tanto no engenho, quanto nas lavouras. Os escravos foram chegando em fila, com os chapéus nas mãos. Homens, mulheres e crianças, em atitude de profunda tristeza. Jerônimo mandou Kauan e um auxiliar para aplainarem as tábuas e confeccionar um caixão.

Quando o médico chegou, apenas cumpriu as formalidades, liberando o corpo para o sepultamento, que se daria no dia seguinte, pela manhã. À noite, durante o velório, os negros se reuniram no pátio, entoando músicas tristes e tocando os seus tambores, prestando a última homenagem ao senhor tão querido. Por volta das nove horas da manhã, o cortejo saiu, acompanhado por familiares, escravos e alguns fazendeiros vizinhos que se despediam do amigo. Ao chegarem ao local do enterro, a sepultura já estava aberta e o caixão desceu para o seio da terra, sob lágrimas e profunda tristeza.

Muito antes de o corpo descer à sepultura, o Sr. Mário, em companhia de Celeste e dona Ana chegava à Colônia do Triunfo.

— Que lugar é este? – perguntou ele.

Dona Ana se adiantou:

— Meu filho! Você, assim como nós, não tem mais o corpo físico. Agora, é um Espírito livre para dar prosseguimento à sua caminhada no plano espiritual. Há necessidade que passe por um tratamento aqui, para se recompor das lesões perispirituais, causadas pelo desencarne. Nossos colaboradores vão cuidar de você. Celeste é a nossa grande mentora aqui.

— Mas, e a minha esposa? E os meus filhos? Eles precisam de mim. Eu não posso abandoná-los de uma hora para outra. Eles não saberão se conduzir. Preciso ficar com eles, pelo menos por mais um tempo, para prepará-los para a minha partida.

Celeste interferiu:

— Meu querido! A sua tarefa na Terra já foi cumprida e de forma brilhante. Você foi para a sua família um guia seguro e plantou princípios de amor, misericórdia e caridade que os conduzirão daqui para frente. Não se preocupe, pois tudo está sob o controle do Criador. Procure se desligar dos problemas da Terra.

Vendo-o mais calmo, ela prosseguiu:

— Você precisará de tranquilidade para se preparar para a nova etapa que se inicia em sua vida. Lembre-se das palavras de Jesus: "Eu vim para que nenhuma ovelha da casa do meu Pai se perca". Assim, Ele está conduzindo todos nós para uma trajetória de evolução constante, mesmo que não entendamos, a princípio, os fatos que acontecem em nossa vida. Com o passar do tempo, vamos entender tudo. Portanto, confie!

Assim, sob os eflúvios da mentora e diante dos seus sublimes ensinamentos, o Sr. Mário foi sendo tomado por um amor que até então não conhecia e se deixou conduzir para o interior da colônia.

Na fazenda, os dias que se seguiram à morte do Sr. Mário foram de enorme tristeza. O sentimento era de que havia ficado uma lacuna, que somente o tempo poderia preencher. O desânimo estava estampado nos rostos de cada um, tanto na casa grande, como na senzala. Como não houve tempo de avisar Bentinho sobre a morte repentina do pai, a família decidiu que iria para o Rio, para dar a notícia, aproveitando para estarem juntos durante aqueles dias de dor.

Na casa grande ficariam Sebastiana e Benedita, sob a supervisão de Kalu, que ficaria com o marido, compartilhando o momento de tristeza. Kauan auxiliaria Jerônimo e o feitor na lida diária. A viagem foi tranquila, sem imprevistos. Bentinho, que montara o escritório nas proximidades da casa, notou a chegada da carruagem e para lá se dirigiu. Quando percebeu que alguma coisa de grave havia acontecido, olhou para todos, observando a ausência do pai.

— Filho, aconteceu uma desgraça! Seu pai faleceu, mas não houve tempo para lhe avisar. Então, viemos ficar com você neste momento de dor – disse a mãe, com os olhos lacrimosos.

— Não pode ser! – gritou o rapaz. — Como foi acontecer uma desgraça dessas?

Bentinho caiu em prantos, apoiado pela família que, apesar da dor intensa, quase não tinha mais lágrimas para derramar.

— Logo agora que eu me formei. Ele sempre me incentivou a estudar para me ver formado e trabalhando. Eu queria lhe dar esse prazer e ele não está mais aqui para ver.

A família procurava se manter junta, fortalecendo-se um no outro para suportarem a intensa dor. Joana procurava estar sempre próxima de Júlio, intensificando o carinho para melhor consolá-lo. Os dias passaram e aquela moça, que era vista como uma irmã, passou a despertar em Júlio um sentimento até então reprimido. Via em Joana a mulher doce e carinhosa, além da beleza natural, que irradiava a inocência de uma jovem sem o requinte e o artificialismo das moças da cidade.

Do lado de Joana, não era diferente. Reprimia inconscientemente o sentimento que nutria no fundo do coração. Era uma moça de corpo esbelto, rosto de traços delicados, com um leve rosado nas faces morenas, contrastando com o cabelo ligeiramente encaracolado.

Júlio lia um livro no sofá da sala, enquanto Joana folheava uma revista. As demais pessoas já haviam se recolhido aos seus quartos. O silêncio reinava no ambiente. Os dois jovens, de quando em quando, tiravam os olhos da leitura, passando a observar o outro enquanto que, ao menor movimento, os olhos retornavam à leitura. Joana quebrou o silêncio.

— Júlio, você viu essa matéria da revista que fala dos saraus na corte? Veja aqui.

A moça, dizendo isso, sentou-se no sofá onde o rapaz se encontrava, aproximando-se dele para mostrar a revista. Júlio, segurando nos pulsos dela para fixar os olhos no texto, perpassou algumas linhas, dirigindo-lhe o olhar. A respiração era ofegante e a boca semicerrada, destacava os lábios úmidos e trêmulos de Joana. Sem dizer nada, abraçaram-se e se beijaram apaixonadamente, deixando aflorar o sentimento há muito reprimido em seus corações. Assim permaneceram por longo tempo, até que ela se levantou e correu para o quarto, sem dizer nada. Aturdida, deitou-se e começou a chorar, pensando mil coisas.

E agora? Como seria sua vida dali para frente? Como iria encarar as pessoas da família? Como eles interpretariam aquela situação? Talvez fosse expulsa de casa, acusada de ingratidão. E Júlio, sempre considerado exemplo de retidão e bom senso. Como seria considerado pela família? Joana temia que aquele episódio pudesse ser motivo de desunião na família, que sempre fora unida e onde o amor e a compreensão sempre prevaleciam. Mas, apesar de se sentir culpada, as cenas não saíam de sua lembrança. Queria reprimi-las, sentindo vergonha de Júlio e de si mesma. Como o encararia na manhã seguinte?

Envolta nesses pensamentos, adormeceu e sonhou. Viu-se em um campo florido, onde a suavidade das flores irradiava uma energia luminosa. As construções eram suntuosas, muito à frente do seu tempo. As pessoas sorriam, demonstrando uma paz indescritível. Agrupavam-se, formando núcleos, onde o amor se destacava. Logo à frente, havia um prédio majestoso, cuja fachada era composta por arcos em perfeita harmonia. No interior, um grande salão, onde uma névoa, em contraste com a luz branca, refletia micropontos luminosos, como uma chuva de prata. Ao centro, uma linda mulher passava ensinamentos para um grupo de pessoas que os absorviam com amor e felicidade.

Joana fixou o olhar em uma jovem e, para sua surpresa, era ela mesma. Sentiu um calafrio. Ainda não tinha se refeito da emoção, quando viu Júlio ao seu lado. Chispas de luz envolviam os dois e eram vistas por todos. Emocionada, caiu em pranto. O sonho havia sido muito real e ela ainda se lembrava dos detalhes, quando acordou. Como uma sensação tão real poderia ser apenas um sonho?

Enquanto isso, Júlio ainda se mantinha sob o efeito dos últimos acontecimentos. A exemplo de Joana, ele não sabia qual seria a reação da família. Amava e era amado por todos e não queria magoar ninguém, nem provocar situações desagradáveis. Ao mesmo tempo, não estava disposto a abrir mão de um amor que se manteve oculto por tanto tempo, somente para atender a convenções. Em último caso, enfrentaria tantas barreiras quanto necessárias para viver aquele amor. No dia seguinte, Júlio acordou cedo e percebeu que Joana já havia se levantado. Precisava conversar com a moça, afinal ela saíra correndo na noite anterior, não dando qualquer chance para explicações. Joana evitava ficar a sós com Júlio e deixou de encará-lo de frente. O rapaz estava desesperado, procurando uma oportunidade para conversarem. Ela estava ansiosa para se aconselhar com alguém. Se ao menos Kalu estivesse ali. Mas, a escrava ficara na fazenda. Quando dona Marisa se levantou e olhou para Joana, percebeu algo estranho.

— O que aconteceu com você, minha filha? Está abatida. Parece que não dormiu bem à noite?

Joana pensou em dar uma desculpa qualquer para adiar a conversa. Mas, ao mesmo tempo, pensou que em algum momento o assunto viria à tona. Ela não costumava esconder nada da tia, que era mais considerada como mãe. Então, criou coragem e falou:

— Tia Marisa, aconteceu uma coisa muito grave e eu não posso deixar de lhe dizer.

Dona Marisa gelou. O choque pela morte do marido ainda não havia passado e ela não estava preparada para enfrentar novos acontecimentos graves.

— Ontem à noite, depois que todos foram dormir, eu e Júlio ficamos na sala. De repente, foi como se alguma coisa tivesse nos jogado nos braços um do outro. Foi mais forte do que nós e, quando percebemos, já havia acontecido.

E relatou tudo a dona Marisa, que ouviu em silêncio.

— Me perdoe tia! Eu não consegui me controlar. O Júlio também não. Mas, eu não queria que as coisas acontecessem assim.

Dona Marisa, enquanto ouvia a história, mantinha uma ponta de sorriso e um ar maternal. Por fim, abraçou Joana e falou:

— Minha filha, eu já esperava que isso acontecesse! Eu já havia percebido que vocês dois se amam. Na realidade, vocês são primos e nada impede que se amem. Vocês são jovens e não têm o que esconder. Quero que se casem, tenham muitos filhos e me deem muitos netos. Vocês são os meus filhos queridos!

Ao ouvir essas palavras, Joana mal se conteve de felicidade. Dona Marisa mandou Berta chamar Júlio, que se encontrava no escritório, revendo alguns documentos. Quando ele entrou no quarto e viu as duas juntas, percebeu logo do que se tratava. Dona Marisa o abraçou e envolvendo a sobrinha no mesmo abraço, disse emocionada:

— Meus filhos queridos! Acredito que todos nesta casa já sabiam que vocês se amavam. Acho que apenas vocês dois não haviam percebido ainda. O que aconteceu ontem à noite, já estava previsto. Abracem-se meus filhos e nada temam! Vamos comemorar este momento de felicidade.

Os jovens se abraçaram ainda com timidez, como se sentissem vergonha do que ocorrera.

— Agora vão. Vocês têm muito que conversar – disse dona Marisa.

Júlio tomou Joana pela mão, conduzindo-a até a sala. Sentaram-se no sofá e ficaram se olhando, com dificuldade para iniciar a conversa. Por fim, o rapaz falou:

— Joana, desde pequeno eu amava você! Lembra-se de quando brincávamos com as outras crianças, aqui no Rio, e eu não deixava nenhum garoto se aproximar de você, pretextando ser proteção de irmão?

— Sim, eu me lembro! E adorava ser a sua protegida. Minhas amigas não entendiam por que sempre que o elogiavam, eu ficava enciumada.

— Quanto tempo perdido, quanto amor reprimido! Em nome de um preconceito que não existia.

Joana e Júlio estavam felizes. A sensação era a de que o mundo lhes pertencia e ninguém poderia se interpor entre eles. Logo, a família comunicou o romance entre os dois e o casamento foi marcado para breve, na fazenda. Passado o período do luto, Bentinho voltou às festas e bailes nos salões do Rio de Janeiro. Agora levava junto a Rosinha, que passou a frequentar a sociedade carioca e conheceu um rapaz muito simpático, chamado Tiago e que se encantou com ela.

O tempo havia passado e era a hora da família retornar à fazenda. Rosinha manifestou o desejo de ficar no Rio, com Bentinho, e pediu à mãe para deixar Berta com eles, enquanto Kalu ficaria servindo na fazenda. Dona Marisa concordou e partiram a fim de começarem os preparativos para o casamento. Ao chegarem, a notícia foi dada aos escravos que se surpreenderam, exceto Kalu, que sabia do amor de Joana por Júlio, pois a moça lhe confidenciara há muito tempo. A amizade de Joana com a escrava começou logo que Kalu chegou à fazenda. Joana tinha a impressão de que conhecia Kalu há muito tempo.

Na senzala, os negros adquiriram o costume de se reunir no pátio, durante a noite, para tocar e dançar. Em uma noite, quando fizeram a evocação dos deuses, agradecendo pela prosperidade e pedindo que não faltasse chuva para as lavouras, uma negra mais velha falou:

— A sinhazinha Joana vai se casar com o sinhozinho Júlio. O amor dos dois começou num lugar muito acima das nuvens, perto das estrelas. Eles vieram ajudar o nosso povo lá na mãe África. Mas, o nosso povo não soube recebê-los. Não ouviu as suas instruções e a guerra voltou a acontecer. Os dois já protegiam os negros há muitos e muitos anos. Agora, juntos, vão continuar a proteger os negros. Nossa gente ainda será muito feliz juntamente com o sinhozinho Júlio e a sinhazinha Joana. Que os deuses continuem a protegê-los, para comandarem o nosso povo.

Dizendo isso, a negra se sacudiu como se despertasse de um sonho. Assim, os escravos continuaram a se reunir, invocando os deuses e a negra trazia mensagens que ajudava a conduzi-los. Kauan e Kalu também frequentavam essas reuniões e, quando a mulher falava do lugar acima das nuvens e perto das estrelas, eles tinham a impressão de que ela falava de um lugar que lhes era familiar. Eles tinham a impressão de que conheciam aquele lugar.

Passaram-se os tempos e se aproximava o dia do casamento de Júlio e Joana. Os irmãos chegaram do Rio. Bentinho, que havia ficado noivo, levou Luiza. Rosinha chegou acompanhada de Tiago, que queria pedir permissão a dona Marisa para namorar sua filha. Na chegada, foi uma alegria imensa para todos, principalmente para Júlio, que queria mostrar as mudanças na fazenda e que Bentinho ainda não conhecia. Afinal, fazia muito tempo que ele havia partido para Portugal e, desde essa época, não voltara ali.

Bentinho não demonstrava muito interesse pelos assuntos da fazenda e tinha certo asco pelos escravos, surpreendendo-se com o modo cortês como Júlio os tratava. Quando retornaram de um passeio a cavalo, percorrendo as lavouras, ao passarem pelo pátio, Bentinho perguntou ao irmão:

— Onde está o tronco? Não deveria estar no centro do pátio, como em quase todas as fazendas?

— Aqui não temos tronco, Bentinho! Nossos negros trabalham satisfeitos e não há necessidade de castigos. Todos cumprem os seus deveres com dedicação e respeito. Na venda da safra, nós distribuímos parte dos lucros com eles. Assim, com o passar do tempo, todos poderão se alforriar e continuarão trabalhando como pessoas livres.

— Isso é um absurdo, Júlio! Você trata os negros desse jeito? Logo eles estarão mandando na fazenda. Esse povo não agradece. A língua que eles entendem é a do tronco e da chibata.

— Não é verdade, meu irmão! Quando são bem tratados, eles agradecem, sim. Inclusive, o rendimento do trabalho é maior do que se fossem oprimidos. O dinheiro que lhes pagamos na venda da safra não sai do nosso bolso. Este valor corresponde ao aumento da produtividade por trabalharem satisfeitos.

— Júlio, eu estou lhe dizendo! Depois será tarde. Esse método não funcionou em nenhuma fazenda, por isso não é adotado. Se o nosso pai estivesse aqui, ele não aceitaria isso.

— Engano seu, meu irmão! Quem implantou esse método foi o nosso pai, e ele já vem funcionando há algum tempo.

— Mas, quando algum negro comete uma indisciplina, como castigá-lo, se nem tronco tem aqui?

— Nós o vendemos para os outros fazendeiros, onde ele será tratado com maior rigor. Isso já é um grande castigo, você não acha?

— Não concordo! Isso funcionaria com a nossa gente, não com essa raça. Temos de contê-los, por meio da chibata. Veja nas fazendas vizinhas. Se assim fosse, todas adotariam essas práticas.

— Meu irmão, violência gera violência; ódio gera ódio. Quando são arrebatados de sua terra e transportados naqueles navios imundos, eles chegam aqui com ódio e revolta. Querem se vingar, não só daqueles que os subjugaram, mas de todos os brancos. Assim se desencadeia uma corrente de ódio que tende a se perpetuar. Cabe a nós quebrar essa corrente e reverter o processo.

— Essa lógica funciona em nós brancos. Mas, essa raça não tem os mesmos sentimentos. Eles são traiçoeiros e apenas esperam uma oportunidade para nos destruir.

Assim falando, apearam dos cavalos que foram levados por um negro para o estábulo. Quando chegaram em casa, era hora do almoço. A refeição estava servida e todos se sentaram. Os casais formavam pares à mesa, enquanto dona Marisa ficava à cabeceira. Terminado o almoço, Kalu entrou na sala e perguntou a dona Marisa:

— Já pode servir a sobremesa, sinhá?

— Pode sim! – respondeu ela.

Bentinho, ao ver Kalu, olhou-a de cima a baixo, de forma tão indiscreta, que causou um mal-estar geral, principalmente em Luiza, que a custo manteve a discrição. Isso era costume de Bentinho quando encontrava outra moça, para despertar ciúmes em Luiza. Na verdade, ela não ligava, mas fingia estar ofendida, dando-lhe pequenos beliscões. Com isso, reforçava o ego do rapaz. Kalu fingiu não ter percebido, mas, devido ao clima de constrangimento que foi criado, ficou desconcertada, procurando sair o mais depressa possível. Bentinho se sentia à vontade junto à família, porque era o filho mais velho e possuía o título de doutor. Tratava os parentes com ar de superioridade, considerando que sua condição justificava o comportamento. A partir daí, todos se mantiveram calados e a refeição terminou.

Nos dias que antecederam o casamento, Bentinho ficou procurando uma oportunidade de ficar a sós com Kalu, que sempre fugia dele. Quando escapava à vigilância de Luiza, puxava assunto com a escrava, que respondia apenas o necessário, sem permitir que a conversa se prolongasse. Às perguntas que lhe eram feitas, ela respondia num tom respeitoso e em voz alta, para que todos da casa ouvissem claramente o que dizia. Bentinho, ao contrário, procurava falar baixo, demonstrando malícia em suas atitudes.

Próximo à data do casamento, Júlio foi à vila buscar o padre Vicente, que iria celebrar a cerimônia. Quando retornaram à fazenda, Bentinho não gostou nada, pois seria mais um a lhe vigiar e impedir uma possível aproximação a Kalu. No dia seguinte, após o almoço, os dois irmãos, juntamente com o padre Vicente, descansavam nas redes, na varanda da casa, enquanto as mulheres se ocupavam dos vestidos e ornamentos para a festa. Kalu chegou para recolher uma bandeja e, quando saiu, o padre Vicente, observando o modo como Bentinho a olhou, provocou o rapaz:

— Bela escrava, Bentinho!

O rapaz enrubesceu. Sentiu as orelhas queimarem e respondeu com um sorriso sem graça. Os negros enfeitaram o pátio com bandeirinhas de papel picado, onde ocorreu a cerimônia católica. Logo após, cantaram e dançaram até altas horas, enquanto, na casa grande, alguns invejavam a alegria dos negros. No dia seguinte, a família viajaria para o Rio. Os recém-casados iam fazer um passeio, em lua de mel. Bentinho chamou Júlio e disse:

— Meu irmão, você merece umas férias! Aproveite a lua de mel para descansar e curtir a vida de casado. Ficarei aqui administrando a fazenda até a sua volta.

Júlio concordou com o irmão, mas Luiza ficou furiosa, percebendo-lhe a intenção. Pensou em interferir na conversa, mas desistiu, pois sabia que todos concordariam com Bentinho. No dia seguinte, partiram. A viagem transcorreu bem. Joana e Júlio estavam muito felizes. Em meio às conversas, Tiago aproveitou para falar com dona Marisa:

— Gostaria de pedir permissão para namorar a Rosinha. Tenho para com ela um grande respeito e a intenção de me tornar seu marido, assim que possível. Minha família é bem relacionada no Rio e faço questão de apresentá-la a vocês.

— Se vocês se gostam, têm a minha permissão! Quero que convide sua família para jantar em minha casa, antes mesmo que Júlio e Joana viagem.

Quando chegaram ao Rio de Janeiro, Júlio tomou todas as providências para a viagem de lua de mel. Dona Marisa, juntamente com Berta, fez os preparativos para o jantar de apresentações. Rosinha estava na expectativa de conhecer os sogros. A anfitriã ordenou a Berta que arrumasse a mesa com as melhores louças e tudo foi preparado com muito capricho. O cardápio foi escolhido por dona Marisa e Rosinha. Berta preparou tudo do jeito que as sinhás queriam.

O jantar ocorreu em um clima muito agradável. Eles tiveram muito que conversar. Dona Marisa percebeu que a família de Tiago era influente na sociedade, com princípios morais elevados, e Rosinha estava muito feliz. Lembrou-se de Mário. Seria bom se o marido estivesse ali. Sentiu uma grande saudade e teve de conter as lágrimas. No dia seguinte, Júlio e Joana partiram em lua de mel. Rosinha e dona Marisa foram ao escritório conversar com Roberto sobre a necessidade de Bentinho ficar mais algum tempo na fazenda. O sócio não fez objeção.

Luiza aproveitou a ausência de Bentinho para ficar mais próxima de dona Marisa e Rosinha, ganhando a confiança das duas. Esperava assim ter a sogra e a cunhada como aliadas para convencer Bentinho a se casar o mais breve possível. A moça falava sobre as festas e bailes que frequentava e Rosinha se interessava muito por esses assuntos. Aos poucos, a cunhada ia convencendo Rosinha de que a vida no Rio de Janeiro era muito melhor e que ela deveria se casar e mudar para a cidade. Rosinha foi ficando cada vez mais encantada com as ideias de Luiza, que não perdia a oportunidade de se mostrar como a cunhada amiga.

No plano espiritual, o Sr. Mário já havia passado pelo tratamento na Casa de Recuperação, mas ainda sentia leves dores no peito. Havia sido designado um rapaz para assisti-lo.

— Venha, Mário! Vamos dar uma volta, para você conhecer todos os departamentos da Colônia do Triunfo.

Ao saírem da Casa de Recuperação, ganharam uma grande praça muito bem cuidada, com jardins floridos. De um lado, ficava o Pavilhão da Reencarnação, onde se programavam as reencarnações dos Espíritos que iriam desempenhar novas tarefas na carne. Logo à frente, o Pavilhão do Conhecimento, com uma enorme biblioteca, onde novas pesquisas eram feitas para iluminarem os encarnados a fim de descobrirem técnicas e instrumentos que lhes impulsionassem para o progresso. Havia ainda o hospital, onde eram tratados os recém-chegados da Terra e, por fim, e a área da psicografia, onde eram mandadas mensagens aos encarnados, orientando-os por meio da escrita.

Neste instante, o Sr. Mário se queixou da saudade que sentia dos entes queridos deixados na Terra, principalmente dos familiares. Haviam parado à sombra de uma frondosa árvore, quando Celeste apareceu e disse:

— Calma, meu filho! No momento certo, iremos à Terra para você matar a saudade dos seus. Mas é necessário que esteja muito bem, porque, talvez, encontremos nossos encarnados em situação difícil e, se não estivermos preparados, podemos interferir negativamente.

Capitulo 15

A administração de Bentinho

Com a família no Rio de Janeiro e o irmão em viagem, Bentinho comandava as tarefas na fazenda. Diariamente, montava a cavalo e ia até onde os negros trabalhavam, tratando o feitor e os escravos com aspereza e arrogância. Essa atitude provocava grande apreensão no ambiente, pois eles estavam acostumados com um tratamento bem mais humano. Numa dessas visitas rotineiras, ele encontrou um negro sentado debaixo de uma árvore, enquanto os outros executavam o serviço da capina na lavoura. Gritou logo com o feitor:

— Joventino, por que esse negro não está trabalhando?

— Ele está passando mal, senhor. Queixa-se de dores na cabeça e está febril.

— Isso é manha! Coloque-o para trabalhar e lhe dê uma chibatada, que logo vai se curar.

— Senhor, nós não usamos essa prática.

— Faça o que eu mando, feitor, ou perderá o seu emprego.

— Senhor, eu não faço isso. Pode me despedir.

— Então, passe na fazenda para acertar suas contas.

Joventino saiu de cabeça baixa, enquanto Bentinho colocou o negro no trabalho a chibatadas. Nessa noite, não houve cantoria no pátio. Os negros, com ar de tristeza, mantiveram-se em suas casas. Bentinho chamou Jerônimo e ordenou a ele que assumisse o lugar do feitor, até que outro fosse contratado.

No dia seguinte, pegou seu cavalo e foi até a vila. Chegando ao armazém, o Sr. Amadeu, dono do estabelecimento, e amigo do Sr. Mário, foi logo o cumprimentando, dizendo que há muitos anos não o via; que agora já era homem feito e brincou:

— Os ares de Portugal lhe fizeram muito bem!

— Obrigado Sr. Amadeu! Como está a família?

— Muito bem! Deseja alguma coisa?

— Sim. Quero que me indique um feitor para trabalhar na fazenda. Ontem, tive que dispensar o Joventino, porque se negou a cumprir as minhas ordens.

— Bem, eu conheço o Osório. Mas, este não serve para o senhor. Ele foi despedido do emprego porque maltratava excessivamente os negros. Eu sei que na fazenda do falecido Sr. Mário os negros são muito bem tratados.

— Pois é desse mesmo que estou precisando, Sr. Amadeu. As coisas lá na fazenda estão ficando muito difíceis. Os negros estão muito à vontade e o senhor sabe como essa raça é. Não pode achar moleza que aproveita.

— Vou mandar um garoto chamá-lo.

Logo em seguida, o menino, voltou acompanhado de um homem corpulento, barba por fazer, com aspecto de mau. Seu cheiro não era dos melhores.

— Bom dia, Sr. Amadeu! Mandou me chamar?

— Sim. Esse é o Sr. Bentinho, filho do Sr. Mário, da fazenda Mantiqueira. Ele está precisando de um feitor. Combine com ele.

Bentinho entrou logo na conversa e foi dizendo ao homem:

— Estou precisando de um feitor que tenha pulso firme. Você quer trabalhar para mim?

— Perfeitamente, senhor! Comigo, negro não treta não. Se não trabalhar direito, minha conversa é no chicote. O senhor não vai se arrepender.

— Eu preciso é disso mesmo. Não quero moleza. Vou pôr esses negros para trabalhar.

Acertaram que o feitor começaria no dia seguinte. Durante à tarde, Osório levaria suas coisas para a fazenda. Quando Bentinho retornou, informou Jerônimo a respeito do novo feitor e o capataz ficou preocupado. À noite, quando os escravos se reuniram no pátio, o capataz procurou Kauan e perguntou se ele conhecia o Osório.

— Esse feitor trabalhava em uma fazenda, onde construímos estábulos e cocheiras – respondeu o negro. — Dizem que tinha o costume de abusar das negras e que, quando os pais ou maridos não cediam as mulheres, ele as tomava à força. Depois, perseguia o escravo que não o obedeceu, fazendo-o sofrer inocentemente no tronco. Por outro lado, aqueles que ofereciam a ele as suas mulheres ou filhas eram protegidos e poupados do trabalho pesado. Foram tantas histórias horríveis sobre os seus abusos e violências, que o patrão praticamente se viu obrigado a dispensá-lo. Desempregado, passou a se embebedar diariamente e a criar confusões, principalmente no armazém do Sr. Amadeu.

Jerônimo levou a mão ao queixo, numa atitude de reflexão e falou:

— Vamos ter problemas sérios.

Osório assumiu seu cargo, procurando logo intimidar os escravos, prometendo castigos rigorosos àqueles que não cumprissem suas determinações. Nas noites que se seguiram, os negros não cantaram no pátio da fazenda. Chegavam em casa se arrastando de cansaço, sem ânimo para mais nada. Kauan, nessa época, estava trabalhando na fazenda. Devido ao período chuvoso, não havia trabalho nas construções. Agradeceu aos deuses, porque temia que o feitor quisesse abusar de Kalu em sua ausência.

Bentinho não mais respeitava o dia de folga dos escravos, que passaram a trabalhar também aos domingos. Não tinham mais os momentos de lazer e culto dominical. Andavam tristes e muitos pensavam em uma forma de fugir. A revolta foi se generalizando e os mais insatisfeitos procuravam inserir nos outros, as suas ideias de rebelião e fuga.

Os dias iam passando e Osório se mostrava cada vez mais cruel, principalmente com aqueles mais fracos, para demonstrar sua autoridade, fazendo com que os outros ficassem cada vez mais temerosos. Na fazenda, o clima era pesado. Ao contrário de Júlio, que tratava a todos com humanidade e respeito, Bentinho se ocupava apenas em dar ordens e mandava Osório aplicar castigos, sempre que a produção era considerada insatisfatória.

Certa noite, os negros se reuniram no pátio da fazenda. Desta vez, não para cantar ou dançar, mas para combinarem um plano de fuga. Reuniram os companheiros que também compartilhavam as ideias e planejaram a rebelião. Pretendiam matar Osório e fugir em seguida. Esquematizaram todos os detalhes e, na noite seguinte, executariam o plano. Alguns não concordavam, temendo o fracasso do plano e as consequências que geraria.

Um negro, pretendendo ganhar a confiança do feitor, chamou Osório e contou o que estava acontecendo. Imediatamente, o feitor relatou ao sinhozinho e a segurança foi reforçada para impedir a fuga.

No dia seguinte, Osório procurou o delator, fazendo-o apontar os nomes dos rebeldes. Os negros que planejavam a fuga foram colocados em um cômodo abafado, onde recebiam castigos e, ao mesmo tempo, sal grosso nas feridas para que pudessem retornar ao trabalho o mais depressa possível. Durante a noite, dormiam acorrentados e sob intensa vigilância.

Na Colônia do Triunfo, o Sr. Mário estava mais adaptado à vida no plano espiritual, mas insistia com Celeste para descer à Terra, porque não aguentava de saudades da família e se preocupava com todos. A mentora o acompanhava aos departamentos onde eram ministradas palestras, preparando os desencarnados para visitas ao plano terreno. Assim, o Sr. Mário ia tomando conhecimento de que Deus é misericordioso a ponto de permitir que Espíritos desencarnados possam ter contato com os encarnados. Porém, apesar de poderem inspirar, não podiam interferir em suas escolhas, devendo respeitar o livre-arbítrio de cada um. Celeste, que o acompanhava de perto, comentou um dia:

— Mário, tenho uma surpresa! Em pouco tempo, faremos a tão esperada viagem à Terra. Acredito que você já esteja preparado para rever sua família.

— Obrigado, Celeste, por me dar esta oportunidade tão importante! – respondeu ele, emocionado.

— Não me agradeça, meu irmão! Agradeça ao Pai Celestial. Você poderá rever os seus entes queridos e eles sentirão a sua boa energia. Mas, não se esqueça de que devemos sempre respeitar o livre-arbítrio de cada um. Você sentirá vontade de interferir, mas deverá se conter e lembrar-se dos conhecimentos adquiridos. Eu estarei sempre ao seu lado.

Dias depois, Celeste voltou a tocar no assunto:

— Esta semana vai descer uma caravana à crosta terrestre. Podemos aproveitar para descer. Mas esteja preparado, pois as coisas podem não estar muito boas por lá. Você pode não suportar certas emoções e atrasar o seu processo de evolução. Mantenha-se sempre em oração e vigilância, como nos recomendou Jesus.

Apesar da alegria, o Sr. Mário ficou preocupado, pensando por qual motivo Celeste teria feito aquela advertência. Mas a ansiedade era tanta, que logo as preocupações passaram, dando lugar à euforia de poder rever a Terra amada e, principalmente, a sua família. Durante a viagem, o Sr. Mário ficou deslumbrado com a maravilha do universo. Agora, tinha uma ideia mais clara sobre a magnitude do Criador. Quando observava as constelações, Celeste lhe chamou a atenção para um grupo de estrelas em volta de uma maior e mais luminosa.

— Sabe o nome daquela constelação? – perguntou.

Diante da negativa do Sr. Mário, ela continuou:

— Aquela constelação se chama Cocheiros. Nela existe uma estrela de nome Capela, que tem um planeta com uma população de elevado padrão evolutivo.

— Mas, por que você destacou essa, no meio de tantas?

— Porque nós pertencíamos àquela comunidade, mas os Espíritos que não acompanharam a evolução moral dos demais, tiveram de ser exilados na Terra, para que, por meio dos rigores desse planeta, ainda primitivo, pudessem reiniciar sua caminhada, além de contribuir para a evolução intelectual daqueles que aqui viviam.

O Sr. Mário ficou encantado com a narrativa e esperava outra oportunidade para indagar mais sobre o assunto. Neste momento, a nave sobrevoava a cidade do Rio de Janeiro, e quando ele viu o Pão de Açúcar, foi tomado de forte emoção. Ali perto havia construído sua casa, mas não pudera usufruir dela.

Estacionaram em frente à residência. Seu coração batia descompassado. Entraram na hora do café da manhã e as pessoas estavam reunidas à mesa. Ele correu para abraçar dona Marisa, mas a senhora não o percebeu, mantendo-se na mesma posição em que estava. Na verdade, pensava no marido o tempo todo, mas não comentava nada, para não alimentar a tristeza dos filhos. Rosinha estava sentada ao lado de uma moça que ele não conhecia. Conversavam, demonstrando certa intimidade e entusiasmo.

— E os outros? Onde estarão? – perguntou-se.

Quis permanecer ali, mesmo sem ser percebido, para que, ouvindo as conversas, pudesse se inteirar do que estava acontecendo com a família. Ficou sabendo, para seu espanto, que Joana e Júlio haviam se casado e passeavam em lua de mel. Soube também que aquela moça era Luiza, noiva de Bentinho, e que ele estava administrando a fazenda na ausência de Júlio. Isso o preocupou, porque o Sr. Mário sabia que Bentinho não gostava da fazenda e não tinha a mesma habilidade de Júlio para tratar com os escravos.

Dirigindo-se a Celeste, ele disse:

— Querida irmã Celeste! O Júlio e a Joana são meus filhos. Joana é adotiva, mas é prima do Júlio. Sempre conviveram bem, mas eu não sabia que os dois se gostavam. Pensei que era apenas carinho de irmãos. Para mim, foi surpresa.

— Meu querido! Isto tinha de acontecer, pois esses dois Espíritos se amam com sinceridade e possuem elevado padrão moral. Eles aceitaram esta reencarnação para ajudarem outros dois a cumprirem importante missão.

— Quem são esses Espíritos?

— No tempo certo você verá.

O Sr. Mário ficou feliz com o que acabara de ouvir sobre a elevação moral dos filhos.

Na fazenda, era noite. Todos já haviam se recolhido aos seus leitos e o silêncio reinava, tanto na casa grande como na senzala. Estava muito escuro; nuvens espessas encobriam a lua e as estrelas. Ameaçava cair um temporal. Um vulto atravessou o pátio a passos lentos, procurando se ocultar como podia nas paredes das casas. Em seguida, bateu levemente à porta do quarto de Kauan e Kalu. O rapaz acendeu uma lamparina, caminhou até a porta e abriu apenas uma fresta para ver quem era. Apesar da luz fraca da lamparina pôde ver que se tratava de Osório.

— Abra logo, negro – disse o feitor, empurrando a porta com força.

Como Kauan não esperava aquela atitude, desequilibrou-se e Osório conseguiu entrar.

— Suma daqui, negro! E não volte enquanto eu não lhe chamar.

— O que você quer?

— Faça o que estou mandando ou lhe mato de pancadas, no serviço.

Kauan, refazendo-se do susto, deu um empurrão no feitor que caiu do lado de fora da porta. Kalu, assustada, gritou por socorro com toda a força que tinha nos pulmões. Ao se levantar, Osório, que tinha uma faca nas mãos, procurava, no escuro, acertar Kauan que se protegia como podia. O barulho e os gritos de Kalu chamaram a atenção de Bentinho, que abriu a porta da casa grande com uma arma na mão. Ele vivia armado, porque temia a agressão de algum negro que não estivesse satisfeito com o novo sistema adotado. Mesmo em choque, Kalu havia pegado a lamparina e tentava iluminar o local, para que o marido pudesse se defender. Bentinho viu Osório com a faca na mão e adivinhou o que estava acontecendo. Apontou a arma para ele e gritou:

— Largue essa faca, ou lhe estouro os miolos.

Osório jogou a faca no chão e levantou os braços. Bentinho, ainda com a arma engatilhada, aproximou-se e lhe deu um empurrão, fazendo com que o feitor caísse de costas.

— Suma daqui, seu verme! E não apareça nunca mais, senão eu lhe mato, como se elimina um cão louco.

Osório saiu em desabalada carreira e desapareceu na escuridão. Kalu, sem saber direito o que havia acontecido, saiu do quarto com a lamparina na mão. Quando Bentinho a viu em trajes de dormir, iluminada pela luz da lamparina, um calafrio lhe percorreu o corpo. Estava diante da mulher que lhe enfeitiçara. Seu corpo seminu despertara em Bentinho desejos de um homem dominado pela paixão. Procurava estender a conversa com Kauan, para prolongar o quanto possível aquela visão. Kalu se deu conta do que havia feito e se arrependeu, mas na hora do desespero não pensara em nada e nem poderia imaginar a extensão do seu ato. Correu para o interior do quarto, para sair do campo de visão do homem que lhe seria mais um motivo de problemas futuros.

Kauan, que já havia percebido os olhares do rapaz para sua esposa, também previu novos problemas. Bentinho retornou para a casa grande, deitou-se e não conseguiu pegar no sono. A imagem daquela "deusa" seminua não lhe saía do pensamento. O sangue lhe corria quente nas veias. Desejava a mulher, mas não queria usar a força nem a autoridade para tê-la. Kalu exercia sobre ele um fascínio irresistível, mas sempre que estava diante dela, ele se sentia pequeno, mesquinho, subjugado pela autoridade moral da moça. No dia seguinte, outro feitor foi contratado.

O Sr. Mário, agradecido pelo contato com a família, elevou seu pensamento ao Pai, dizendo:

— Obrigado, meu Pai! Por me conceder essa oportunidade maravilhosa e poder matar a saudade das pessoas que tanto amo! Permita-me encontrar com meu filho Bentinho e novamente sentir essa emoção.

Ele queria ver a fazenda, os escravos e, principalmente, saber como Bentinho estava administrando a propriedade. Dirigindo-se a Celeste perguntou:

— Como iremos, se a nave em que viemos para o Rio de Janeiro já retornou?

— Meu querido, você agora tem condições para saber muitas coisas. Uma delas é a maneira de nos deslocarmos. Mentalize a fazenda e veja o que vai acontecer.

O Sr. Mário mentalizou sua antiga morada e imediatamente se viu na varanda da casa grande. Olhou ao seu lado e lá estava Celeste, sorrindo. Em seguida, a mentora tomando um ar de seriedade, advertiu:

— Mário, tudo corria bem em sua casa, no Rio de Janeiro. Mas, as coisas aqui não estão serenas. Prepare-se para enfrentar tribulações.

O coração do Sr. Mário se acelerou. Bentinho estava na sala, deitado, com os pés apoiados no braço do sofá. O rapaz, que estava absorto em suas reflexões, instintivamente se levantou, como se sentisse a presença de alguém, mas não viu nada. Voltou para suas reflexões, enquanto Celeste e o Sr. Mário podiam ler os seus pensamentos. Com o tempo, estavam inteirados de tudo o que acontecia na fazenda, inclusive das intenções de Bentinho em relação a Kalu.

— Celeste, por que uma comunidade feliz, de repente passa a viver situações de dor e sofrimento?

— Meu querido! Você se lembra do planeta da estrela Capela de que lhe falei, quando viajávamos para a Terra? Pois bem, eu lhe disse que os Espíritos que lá viviam eram felizes e não mereciam conviver com aqueles que ainda cultivavam sentimentos de orgulho, vaidade e, sobretudo, de egoísmo. Lá existe a felicidade, sem a necessidade das provas que enfrentamos aqui na Terra. Eu disse que nós habitávamos esse planeta e houve a necessidade de sermos retirados de lá, porque não havíamos atingido o estágio evolutivo dos nossos irmãos.

Ela fez breve pausa e prosseguiu:

— Jesus, como grande governador planetário, foi incumbido de organizar um planeta para abrigar esses Espíritos. Assim, organizou a evolução da Terra, desde os minerais, os animais superiores, até os humanos. Charles Darwin descreveu a evolução dos seres vivos como obra do acaso, mas se esqueceu de que, à frente, estava Jesus coordenando tudo. A Terra foi preparada para receber esses Espíritos recalcitrantes, para funcionar como uma escola, promovendo o aprendizado e o crescimento deles. Seria como um grande forno que, com seu calor abrasivo, vai depurando os metais ou como um buril que vai lapidando a pedra bruta, até chegar à gema preciosa. Por isso, precisamos da dor e do sofrimento para preparar o nosso coração, a fim de que o amor floresça.

O Sr. Mário estava maravilhado com aquelas explicações. Havia adquirido, enquanto encarnado, conhecimentos sobre Jesus, sua mãe Maria Santíssima e os santos, mas nunca tinha ouvido falar sobre a reencarnação, muito menos que ao Espírito sempre é oferecida uma nova oportunidade de reparação de suas faltas. Em sua concepção, uma vez condenado, o Espírito sofreria penas eternas.

— Portanto, meu amigo! Não veja essas vicissitudes terrenas como castigo de Deus, mas como novas oportunidades de progresso – arrematou a mentora.

Capitulo 16

Plano de Bentinho

Bentinho arquitetava um plano para ter Kalu. Pensou em mandar matar o marido dela, mas essa atitude feria os seus princípios e lhe faltava coragem para executar o plano. Durante o dia, sempre solicitava a presença da escrava, insinuando-se para ela e fazendo elogios ridículos, que Kalu fingia não ouvir. A escrava se apresentava de cabeça baixa, com expressão de humildade e respeito. Na presença das cozinheiras, ele não podia atacar a moça e Kalu havia pedido a Benedita que nunca a deixasse a sós com o senhor.

Bentinho havia saído para vistoriar as lavouras, andou por toda a fazenda e chegou em casa quase na hora do almoço. Ao chegar, um fazendeiro vizinho estava esperando na varanda da casa. Ele apeou do cavalo, cumprimentando o visitante.

— Bom dia, Sr. Geraldo!

— Bom dia, Sr. Bentinho! Há quanto tempo não o via. Soube que esteve estudando em Portugal e que agora é doutor. Fiquei sabendo quando estive aqui, no velório do seu pai.

— É verdade. Passei uns bons tempos por lá.

— E como vai a sua mãe e toda a família?

Bentinho falou ao amigo sobre o casamento de Júlio e Joana e informou que dona Marisa e Rosinha estavam no Rio de Janeiro.

— Senhor Bentinho, não quero tomar mais o seu tempo. Vim aqui porque estou precisando fazer umas reformas lá na fazenda, no engenho e nas casas de armazenamento de cereais. Sei que há aí um escravo que é mestre em construções e gostaria que o senhor me alugasse os seus serviços por uns dias.

Aquela proposta era o que Bentinho queria, pois via a oportunidade de afastar Kauan, deixando o caminho livre para invadir o quarto de Kalu. Se fosse preciso, estava disposto a usar a força para possuí-la.

— Muito bem, Sr. Geraldo! Por quanto tempo precisará dos serviços dele?

— Acho que, com uns quinze ou vinte dias, acabamos o serviço.

— Então, vamos fazer o contrato e o negro vai amanhã.

No dia seguinte, Kauan partiu, preocupado com a esposa que ficaria desprotegida na sua ausência. Kalu evitava falar com o marido sobre o assédio do sinhozinho, para não deixá-lo preocupado, mas ele via o jeito como Bentinho olhava para ela e percebia suas intenções. Enquanto se dirigia à fazenda do Sr. Geraldo, orava aos deuses, principalmente para sua deusa protetora, da névoa azulada.

Celeste sentiu as vibrações de Kauan e, juntamente com o Sr. Mário, passou a emitir boas vibrações, sabendo que precisava programar algumas ações concretas para proteger o casal. O Sr. Mário também estava preocupado em proteger o filho, para que ele não se envolvesse em tramas que o prejudicariam ainda mais, no futuro.

Os mentores foram até as frentes de trabalho e viram que Joventino, o novo feitor, estava em dúvida quanto à mudança de local, uma vez que uma etapa das tarefas havia terminado. Então, ele mandou um negro ir à casa grande e procurar Jerônimo para orientá-lo. O negro, ao chegar à casa grande, não encontrou Jerônimo e chamou pelo sinhozinho, que montou a cavalo e foi pessoalmente cuidar da questão.

Lá chegando, tomou as providências e conduziu a montaria para a sombra de uma ramagem, a fim de se proteger do sol. O cavalo esbarrou a cabeça em uma casa de marimbondos que atacaram imediatamente. Ao tentar se livrar dos marimbondos, Bentinho soltou as rédeas e o cavalo disparou, passando por debaixo de um galho de árvore, derrubando-o. Os negros tiveram dificuldades para socorrerem o sinhozinho, porque os marimbondos ferroavam quem chegasse perto. Por fim, a muito custo, conseguiram conduzir Bentinho até em casa. O rapaz tinha uma perna com suspeita de fratura. Enquanto era conduzido para a fazenda, Bentinho lamentava mais a impossibilidade de executar o seu sórdido plano contra Kalu, do que a dor que sentia na perna.

Nos dias que se seguiram, manteve-se imobilizado, com uma tala na perna. A todo o momento chamava Kalu para lhe assistir em alguma coisa, simulando dores, para sensibilizar a moça. Queria melhorar rapidamente, mas o ferimento realmente doía, impedindo-o de se levantar da cama. Após uma semana, devido aos medicamentos com ervas e os cuidados de Kalu, a perna melhorou e Bentinho conseguiu se levantar.

Celeste e o Sr. Mário precisavam criar outra situação para proteger Kalu. Nesses dias, a chuva era intensa, permanecendo durante o dia e a noite. O momento era propício para Bentinho executar seu plano. Iria até o quarto de Kalu naquela noite e, desta vez, o plano não deveria falhar. Quando anoiteceu, ele pegou um pedaço de corda e invadiu o quarto da escrava. Kalu, assustada, deu um grito, mas Bentinho havia fechado a porta por dentro e ninguém ouviu os gritos dela.

A moça tremia, com os olhos arregalados de pânico, enquanto Bentinho procurava tranquilizá-la, dizendo que não iria lhe fazer nenhum mal. Dizia que, se ela não criasse dificuldades, as coisas seriam mais fáceis. Mas, Kalu não dizia nada, apenas chorava desesperadamente. Bentinho a empurrou para o leito e, ao se aproximar, ela o repeliu violentamente com os pés, fazendo-o cair ao lado da cama, provocando-lhe fortes dores na perna machucada.

A resistência de Kalu o deixou enfurecido. Betinho se levantou e a agrediu com violência, deixando-a semiconsciente, sobre a cama. Amarrou-a com a corda que havia levado e quando se preparava para atacá-la, rasgando-lhe a roupa, a porta do quarto foi escancarada com um chute. Era Kauan que havia retornado para casa e percebeu que algo errado estava acontecendo. Ao se deparar com o sórdido cenário, foi tomado de profunda indignação e partiu para cima do agressor, dando-lhe violentos socos, principalmente no rosto.

Desnorteado pelos fortíssimos golpes aplicados pelo negro, Bentinho começou a gritar, chamando por Jerônimo, que logo apareceu, acompanhado de dois escravos. Neste momento, Kauan estava socorrendo a esposa, desamarrando-a e cobrindo com cobertores o corpo ferido e seminu. O sinhozinho deu ordem para amarrarem Kauan e disse que no dia seguinte ninguém iria trabalhar, pois deveriam assistir ao castigo que seria aplicado em seu agressor, para servir de exemplo aos demais.

Na manhã seguinte, sob o comando do feitor e a orientação de Bentinho, dois escravos pegaram uma peça de madeira que havia sobrado das construções e a fixaram firmemente no centro do pátio. Pregaram nela uma argola de ferro, numa altura de mais ou menos dois metros e meio. Era o tronco que estava sendo introduzido na fazenda Mantiqueira. Naquele dia, ninguém trabalhou, exceto o feitor e os dois negros encarregados de fixarem o tronco.

Ao verem o tronco instalado no pátio, os negros choravam, não só por Kauan, mas por eles mesmos, pois, a partir daquele dia, teriam de conviver com castigos frequentes. Ainda bem cedo, Bentinho mandou que amarrassem Kauan ao tronco e chamassem todos os negros, inclusive Kalu e as duas cozinheiras, para assistirem ao triste espetáculo. Em seguida, mandou que Jerônimo aplicasse vinte chibatadas no escravo. O capataz, por um instante, pensou em não obedecer. Mas, quando olhou para Bentinho e o viu bufando de ódio, voltou atrás. Levantou a chibata, mas quando desferiu o golpe, vacilou, tirando-lhe a força. O golpe chegou com leveza às costas nuas de Kauan. Bentinho, ao ver aquilo, deu um empurrão em Jerônimo e, tomando a chibata de suas mãos, disse, encolerizado:

— Você é um frouxo! Eu mesmo vou castigar este negro insolente.

E aplicou a primeira chibatada com toda a sua força.

Kauan cerrou os dentes, urrando de dor, enquanto o sangue lhe escorria pelas costas.

Logo veio o segundo golpe.

— Essa é para você nunca mais desrespeitar o seu senhor.

Depois, a terceira, a quarta, a quinta... Bentinho sempre gritando:

— Essa é para você reconhecer o seu lugar! Negro fedorento! Essa é para a sua mulher, aquela cachorra!

Nessa hora, Kalu não aguentou e tentou interceder, mas foi contida por Jerônimo. Ele sabia que se ela interferisse, iria para o tronco também. A essas alturas dos acontecimentos, Bentinho sentia o braço cansado. Quando ergueu novamente a chibata, sentiu uma forte pontada na perna machucada e recuou. Jogou sobre a vítima ensanguentada o instrumento de suplício e encaminhou-se para casa, mancando. Quase se arrastando, subiu os degraus da varanda e se jogou numa das redes.

Bentinho não conseguia aquietar os pensamentos. Sentia uma mistura de ódio, medo de perder o controle da fazenda e vergonha de si mesmo. Sabia que havia agido mal.

Kalu era uma mulher honesta, fiel ao seu marido. Ele tentava se iludir, atribuindo a ela a culpa pelo ocorrido, mas, no fundo, sabia que aquela escrava era muito mais digna do que ele e que os impropérios ditos a Kauan, na verdade, serviam para si mesmo.

Nessa hora, lembrou-se de sua família, que lhe havia confiado a administração da fazenda. Assim pensando, teve vontade de cair de joelhos aos pés de Kauan; de lhe pedir perdão. Mas, era orgulhoso demais para isso. Com que moral comandaria a fazenda depois de uma demonstração de fragilidade?

Assim que Bentinho se afastou, os negros correram em socorro de Kauan, que estava semiconsciente, com os olhos cerrados e a boca aberta. Desamarram-no e Kalu, entre lágrimas, apoiou a cabeça do marido em seu colo, julgando-o morto.

— Fale comigo meu amor! Por favor, não morra! Não suportaria viver sem você...

Nesse momento, percebeu que ele respirava. Kauan fechou a boca e, abrindo levemente os olhos, falou com, enorme esforço:

— Eu amo você, Kalu! Para defendê-la, eu não me importaria de morrer – sorriu para ela e desmaiou.

Celeste e o Sr. Mário assistiam a tudo e, em certo momento, o pai de Bentinho começou a chorar. Lamentava pelo filho que criara, incutindo-lhe princípios morais. Sentia pena dos escravos que tanto amava. Estava arrasado. Sabia que Kauan era inocente. Percebendo-lhe a tristeza, Celeste falou:

— Querido Mário, eu não lhe falei que enfrentaríamos duras provas? Mas, confie em Deus! Jesus está no comando de tudo. Ele disse que estaria conosco até a consumação dos séculos. Então, não tema! Tudo caminhará na direção do amor e da evolução dos Espíritos. Nós temos o nosso livre-arbítrio e nem Deus o desrespeita. Entretanto, tudo conduz à justiça divina. Às vezes, questionamos essa justiça, mas é porque não temos o conhecimento de tudo. Aquilo que achamos ser o simples castigo de um inocente pode ser a expiação de um erro do passado. Portanto, coragem meu irmão!

O Sr. Mário, mais calmo, concordou com ela.

— Lembra-se do momento em que Kauan sorriu para Kalu, ainda caído aos pés do tronco? – perguntou a mentora.

— Sim, mas o que tem isso?

— Tanto Kauan como Kalu sabiam que tinham dívidas a resgatar, no momento em que decidiram encarnar para desempenharem essa missão. Hoje, Deus lhes deu a graça do esquecimento enquanto estão encarnados. Quando Kauan sorriu, estava num estado em que o Espírito havia saído do corpo. A isso chamamos desdobramento. Ele foi até o plano espiritual e momentaneamente, em Espírito, recuperou a lembrança de sua dívida. Por isso, ele sorriu. Estava feliz por mostrar à amada que havia saído vitorioso em sua provação.

— Mas, qual a dívida do Kauan?

— Meu querido! O Kauan, em uma encarnação passada, havia mandado açoitar uma pessoa. Desencarnou e foi para a Colônia do Triunfo ainda com essa dívida. Mas, como o amor cobre uma multidão de pecados, foi-lhe permitido o tratamento na colônia por causa de seus créditos com a caridade e o amor. Entretanto, apesar de ter se tratado, havia a necessidade do resgate.

— O amor entre Kauan e Kalu tem vínculos no plano espiritual?

— Sim. Eles se amam desde eras remotas.

Com as palavras de Celeste, o Sr. Mário pôde avaliar como são sublimes as leis de Deus e como a reencarnação representa uma bênção. Naquela noite, Kauan havia voltado, porque as chuvas eram intensas e não havia como trabalhar nas construções. Então o Sr. Geraldo resolveu interromper os trabalhos até que o tempo melhorasse. O Sr. Mário ficou pensando naquela aparente coincidência, quando Celeste, percebendo-lhe as dúvidas, voltou a falar:

— Coincidências não existem! As chuvas não deram trégua, porque os Espíritos que comandam as forças da natureza interferiram, fazendo com que tudo acontecesse de acordo com as necessidades. Lembre-se da passagem do evangelho em que Jesus estava dormindo no barco, juntamente com os apóstolos e caiu um temporal. Os discípulos, apavorados, o chamaram e Ele acalmou a tempestade. Assim, os Espíritos, sem interferir no livre-arbítrio das pessoas, facilitaram os acontecimentos para que ocorresse o resgate de Kauan.

— Mas, se havia necessidade de Kauan ser açoitado, por que o Bentinho se sentiu tão culpado?

— Mário, há outra passagem no evangelho em que Jesus diz que o mal é necessário na Terra, mas ai daquele que for o portador do mal. Bentinho foi o portador do mal.

Inconscientemente, o Sr. Mário procurava uma atenuante para o crime cometido por seu filho. Mas, percebeu que não era assim tão simples. Enquanto as feridas do corpo de Kauan eram tratadas, Bentinho convivia com as feridas da alma. Kalu continuava a lhe servir, como se nada tivesse acontecido. Ela não conseguia odiar o carrasco de seu marido. Sua alma sabia que Bentinho fora o instrumento para que Kauan resgatasse o débito do passado.

Capitulo 17

Fuga de Josué

Após o açoite a Kauan, os negros se mantiveram não só tristes, mas revoltados pelo que aconteceu e com o tratamento que vinham recebendo, desde que Bentinho chegara à fazenda. As cantorias no pátio foram substituídas pelas conversas acabrunhadas dos escravos que imaginavam uma saída para a situação. Eles sempre se lembravam do Sr. Mário e do Júlio. Se Júlio voltasse, poderia ser a solução.

Josué, um escravo forte e musculoso, juntamente com dois companheiros, planejava uma fuga, à noite, aproveitando-se da distração dos dois vigias armados que foram contratados. Combinaram com outros companheiros para jogarem sacos com lixo do lado oposto ao local onde pulariam o muro e ganhariam a liberdade, protegidos pela escuridão. Assim fizeram e, quando os sacos caíram do lado de fora do muro, atraíram a atenção dos vigias e dos cães, que se deslocaram para aquele local, enquanto Josué e os companheiros pularam o muro e desapareceram, correndo em direção à mata.

No dia seguinte, quando deram pela falta dos três, Jerônimo foi avisar Bentinho sobre a fuga. O sinhozinho ficou furioso e se dirigiu ao portão da senzala, em direção aos vigias.

— Vocês são uns incompetentes! Eu lhes pago para cochilarem enquanto meus escravos fogem?

Imediatamente, Bentinho mandou chamar dois capitães do mato, que saíram ao encalço dos negros. O sinhozinho estava cada vez mais preocupado. Como prestaria contas à família, pela situação que se encontrava a fazenda? Quem se beneficiou com os problemas foi Kalu, pois deixou de ser assediada.

Havia se passado quase uma semana desde a fuga dos escravos. Os negros voltavam do trabalho, lentamente, entoando músicas tristes, cujas letras lembravam os dias de liberdade na África, quando os dois capitães do mato chegaram com os fugitivos. Os três negros vinham amarrados pelo pescoço, presos às selas dos cavalos. Os pés estavam em feridas pela caminhada e as pernas sangrando pelas mordidas dos cães. As costas marcadas pelas chibatadas. Quando os capitães do mato os entregaram e receberam as devidas recompensas, disseram:

— Senhor Bentinho, o que dificultou a localização dos negros foi o fato de eles não terem nenhuma marca. Sugerimos que marque os seus negros para facilitar o nosso trabalho, em caso de novas fugas.

— Vou fazer isto – concordou Bentinho.

A seguir, mandou chamar Jerônimo que, a contragosto, obedeceu, temendo ser demitido, uma vez que não conseguira chicotear Kauan. Enquanto o ferro incandescente queimava suas carnes, os negros gritavam e gemiam, num espetáculo de horror, que provocava repugnância a qualquer um. Apesar da sugestão do capitão do mato, Bentinho não teve coragem de mandar marcar o restante dos negros; apenas os três fujões.

Bentinho estava começando a se arrepender das mudanças que introduzira na fazenda e temia não conseguir manter sua postura. Admitia que a situação estava fora de controle. Certo dia, estava analisando os documentos da fazenda, quando descobriu que a divisa da propriedade se encontrava fora do lugar, deixando parte do terreno para o vizinho que o explorava há muito tempo. Precisava fazer alguma coisa para justificar a sua administração e apresentar algo positivo para a família. Imediatamente, mandou Jerônimo mudar a divisa para o lugar que constava nos documentos.

O Sr. Mário ficou desesperado com a atitude do filho, prevendo problemas com o vizinho, e perguntou a Celeste:

— Não podemos interferir, para evitar uma tragédia? Com essa atitude, o Bentinho vai criar um enorme problema.

— Não, Mário. Tudo isso faz parte de uma trama que promoverá resgates de débitos, além de lições a Espíritos encarnados que têm a necessidade do aprendizado.

As palavras de Celeste confirmaram as suspeitas do Sr. Mário com relação às consequências dos atos do filho.

Celeste, tomando uma atitude reflexiva, falou:

— Mário, a maioria das religiões fala do céu e do inferno como um lugar geográfico. Mas, veja, esses lugares existem dentro da consciência de cada um, tanto encarnados como desencarnados. Veja como está a consciência do seu filho. Ele está vivendo agora num inferno. Bentinho, por suas atitudes maléficas, criou um estado de coisas e acontecimentos que não consegue reparar e, quanto mais insiste neste padrão vibratório, mais cai no lamaçal que ele mesmo criou. Por isso, devemos sempre submeter nossos projetos à luz dos ensinamentos de Jesus. Por meio de seus ensinamentos, sempre encontraremos o melhor caminho para as nossas decisões. Por isso, Ele nos disse: "Eu sou o caminho a verdade e a vida, ninguém chega ao Pai, senão por mim".

Uma manhã, Bentinho foi informado de que Josué havia desaparecido novamente.

— Não tem jeito com aquele negro! Mal se recuperou dos castigos e já está aprontando outra. Mande os homens atrás dele.

Dizendo isso, Bentinho tomou seu cavalo, com a intenção de vistoriar o serviço da mudança da divisa. Logo que saiu da fazenda, ganhou as margens do rio e, ao passar pelo local onde os negros normalmente se banhavam, viu a cena mais horrível de sua vida. Josué estava dependurado num galho de árvore. Havia se enforcado. Seus olhos estavam arregalados, a boca aberta e a língua toda para fora. Nas costas, as marcas dos castigos, os pés ainda feridos e as pernas com as cicatrizes das mordidas dos cães. No ombro, uma ferida da marca com as iniciais de seu pai. Naquele momento, ele pensou no Sr. Mário e sentiu que lhe profanara a imagem.

Durante algum tempo, ficou ali, como que petrificado, com os olhos fixos naquele quadro, enquanto os pensamentos lhe remetiam à consciência. Tudo aquilo era sua culpa e ele se sentia irremediavelmente perdido. As lágrimas vieram torrencialmente, enquanto virava o cavalo e galopava em direção à fazenda. Quando chegou em casa, apeou, deixando o animal solto, e subiu as escadas correndo, temendo ser visto naquele estado de desespero. Jogou-se na cama e chorou muito.

Logo depois, os homens encontraram Josué. Desamarraram-no da árvore e levaram o corpo para a senzala, onde seria velado. O Sr. Mário também chorava, procurando forças em Celeste, que assistia a tudo em silêncio.

— Seja forte, meu querido! Eu lhe disse que enfrentaríamos dias difíceis, mas Jesus está conosco e tudo terminará bem. Confiemos! – consolou-o.

O Sr. Mário, ao se aproximar do corpo de Josué, viu Espíritos trevosos em torno do negro, que se debatia em desespero, tentando impedir de ser levado por aquelas entidades perversas. O clima era de desespero e a energia era densa. O Sr. Mário questionou:

— Querida Celeste, por que este negro, que sofreu tanto, a ponto de cometer suicídio, não consegue encontrar a paz?

— Mário, este homem veio para resgatar débitos anteriores. Deveria sofrer o que havia feito seus irmãos sofrerem no passado. Entretanto, fraquejou e acabou contraindo ainda mais dívidas. Ele se debate, porque ainda sofre dores no pescoço e tem dificuldades para respirar. Mas, Deus não abandona seus filhos. Ele será levado para o vale dos suicidas e estará sob os cuidados de uma instituição, sob a orientação de Maria de Nazaré. Passará por longo tratamento para a recuperação perispiritual e, mais tarde, estará preparado para uma nova encarnação.

— Então, o Espírito que reencarna com um propósito de resgate pode fraquejar e atrasar ainda mais sua condição espiritual?

— Infelizmente, foi o caso deste nosso irmão.

— O que faz um Espírito, que se propõe a reencarnar com um propósito, mudar de ideia e assumir outro comportamento?

— Existem vários fatores. Quando reencarnamos, esquecemos o que aconteceu nas encarnações anteriores. Isso é uma bênção de Deus, para que não soframos a influência dessas encarnações, o que poderia nos prejudicar. Entretanto, quando encarnados, nós passamos pelas seduções do mundo material, que podem nos levar a tomar outro caminho. Podemos sofrer a obsessão de Espíritos menos adiantados e nos desviarmos do propósito original.

No momento em que se enforcou, Josué perdeu a noção do corpo. Pareceu-lhe que braços e pernas não mais existiam. Ele fez um esforço enorme para se desvencilhar da corda, mas nenhum membro lhe obedecia ao comando. Por um momento, arrependeu-se do que fizera, mas sentiu que era impossível voltar atrás. Em seguida, as vistas foram escurecendo e os pensamentos se tornaram desconexos.

O Espírito foi deixando o corpo e a primeira imagem que viu foi o seu rosto, com aquelas feições horríveis. Sentiu repugnância de seu próprio corpo. Sentia um frio intenso, apesar dos mais de trinta graus de temperatura naquela hora.

As dores eram terríveis na região do pescoço e a escuridão lhe impedia de saber onde estava. Esse estado permaneceu por algum tempo, até que se sentiu impelido para uma espécie de túnel escuro, sem a menor noção de tempo e espaço. Agora se via numa região de atmosfera densa, com odores fétidos. Seres animalizados se debatiam como lobos disputando uma presa, emitindo rosnados e gritos de horror.

Um filme ia se passando em sua tela mental, lembrando-lhe de sua vida, desde quando era criança. Viu a mãezinha chorando, quando o pai o vendia como escravo aos traficantes negreiros. Sentiu ódio do pai. Desejava que a imagem dele fosse real, para matá-lo, estraçalhando-lhe o pescoço. Nessa hora, notou a presença de seres animalizados que o acusavam de assassino. Ele não entendia, porque não havia matado ninguém. Os Espíritos, dizendo isso, arrastaram-no para a lama que lhe cobriu o corpo, aumentando a sensação de frio. Mal conseguia ficar de pé. Outros Espíritos sentiam satisfação quando ele se debatia e cada vez mais se afundava na lama.

Já havia algum tempo que Josué se encontrava naquela situação, comendo lama para matar a fome intensa, quando viu um ser de grande luz retirando Espíritos daquele lugar. Tentou se aproximar, mas parecia que a lama grudava, impedindo-o de se deslocar.

Capitulo 18

A rebelião dos escravos

Na fazenda, os negros haviam sepultado o corpo de Josué, com intensa dor. Sua atitude representava o limite do que se podia suportar. A resistência dos escravos estava chegando ao fim. No dia seguinte ao sepultamento, os negros trabalhavam na mudança da divisa, quando o capataz da fazenda vizinha chegou. Perguntou a Jerônimo o que estava acontecendo, sendo informado que as ordens do sinhozinho Bentinho era para colocar a divisa no lugar onde constava nos documentos.

O capataz nada disse, retornando para avisar ao patrão o que estava acontecendo. Ao tomar conhecimento dos fatos, o Sr. Manoel, dono da propriedade, montou a cavalo, colocou a arma na cintura e se dirigiu para o local. Ao chegar, chamou Jerônimo e mandou parar o serviço, alegando que aquela área fora anexada à sua propriedade por meio de um acordo feito com seus antepassados, o que lhe dava o direito de posse.

Jerônimo pediu a ele que aguardasse e foi chamar o Bentinho, para que a questão fosse resolvida entre os dois. O rapaz ficou inseguro diante da narrativa do capataz, mas não tinha como voltar atrás. Ele não sabia de nenhum acordo e faria valer o que os documentos comprovavam. Pegou sua arma e se dirigiu para o local do conflito, levando consigo também os documentos da fazenda. Ao chegar, cumprimentou o vizinho, formalmente.

— Bom dia!

— Bom dia! – respondeu o Sr. Manoel.

— Eu mandei colocar a divisa no lugar, conforme consta nos documentos – disse Bentinho, sem rodeios.

— Pois, pare o trabalho, ou faço parar à força – ameaçou o outro, sacando a arma. Mas, foi contido pelo capataz.

Então, o Sr. Manoel deixou o local, galopou até sua fazenda e retornou logo depois, com vários capangas armados, obrigando todos a fugirem do local. Bentinho ficou arrasado e temeroso do que poderia acontecer. Teve seus brios feridos diante de todos. Precisava retomar os trabalhos, mas os capangas do Sr. Manoel haviam ficado de prontidão. Sem ter como enfrentar o adversário, chamou Jerônimo e disse:

— Vamos distribuir armas para os nossos escravos. Reúna os de maior confiança e dê-lhes as armas de fogo e munições. Aos demais, distribua ferramentas como facões e foices, e vamos dar uma lição nos capangas do Sr. Manoel.

Jerônimo cumpriu as ordens do patrão a contragosto, porque sabia que aquilo não ia terminar bem. Chegando ao local, os capangas, vendo que não podiam enfrentar toda aquela gente armada, recuaram e foram avisar ao Sr. Manoel.

— Patrão, tivemos de abandonar a guarda. Eles chegaram com grande quantidade de escravos armados e fomos obrigados a recuar.

O Sr. Manoel pensou um pouco e, apesar dos protestos da esposa, mandou armar também os seus escravos e se dirigiram ao local da divisa. Bentinho previra o que aconteceria e mandou seus comandados se esconderem, para pegarem os adversários de tocaia. Quando o Sr. Manoel e seus homens chegaram, foram recebidos a tiros. O Sr. Manoel foi atingido e caiu sem vida. Os capangas fugiram em debandada, ficando apenas os escravos. Jerônimo também foi atingido, morrendo logo em seguida.

Nessa hora, Kauan viu que havia chegado a oportunidade da virada. Saiu desarmado, com as mãos para cima, e foi até o feitor do Sr. Manoel, que tremia, sem saber o que fazer. Kauan conhecia a todos, pois havia trabalhado naquela fazenda. Então, falou em voz alta, para que todos escutassem:

— Agora chegou a nossa vez, meus irmãos. Estamos armados, mas não lutaremos contra o nosso povo, vamos nos unir e dominar as duas fazendas.

Os negros, que a muito sonhavam com essa oportunidade, aceitaram e Kauan falou:

— Sigam as minhas ordens. Vou até o sinhozinho e vocês me sigam. Estou desarmado e, se ele tentar me matar, podem matá-lo.

Bentinho recebeu Kauan, certo de que tinha vencido o conflito. Mas o negro o informou que todos estavam sob o seu comando e que ele deveria se entregar. Percebendo o golpe, Bentinho tentou sacar o revólver, mas um escravo que dava cobertura a Kauan gritou, apontando sua arma:

— Se fizer qualquer movimento, eu lhe mato!

Bentinho levantou as mãos e foi desarmado por Kauan.

Um negro gritou:

— Vamos colocá-lo no tronco! Este verme tem que apanhar até morrer.

Os outros concordaram, mas Kauan gritou mais alto:

— Ninguém vai bater em ninguém. Deixem o sinhozinho comigo.

Amarraram Bentinho. Em seguida, Kauan convocou os negros para se reunirem e falou:

— Nada de vinganças. Vamos assumir as duas fazendas, mas entreguem suas armas. Não precisaremos delas, pois violência gera violência. Se houver necessidade, usaremos, mas apenas para nos defender. Seremos unidos e nós mesmos nos governaremos. Eu fico provisoriamente no comando, até que escolham quem irá nos chefiar.

Assim os negros, tanto os da fazenda Mantiqueira, como os da propriedade do Sr. Manoel, entregaram as armas, que Kauan guardou na casa grande. Ordenou ao feitor que preparasse a carruagem e levasse Bentinho para o Rio de Janeiro.

Kauan levou a viúva do Sr. Manoel para a fazenda dos pais dela. Depois, convocou os negros para elegerem o novo chefe e todos pediram que ele continuasse no comando. Aos poucos, Kauan mandou substituir parte das lavouras de cana de açúcar por plantações de arroz, feijão, milho e mandioca. O açúcar produzido na fazenda encontrava dificuldades para ser comercializado, devido à sua origem clandestina, mas mesmo assim pequenas quantidades eram vendidas no mercado paralelo.

Josefa, a negra que já havia falado sobre a tarefa espiritual de Júlio e Joana, periodicamente se reunia a outros negros e, juntos, evocavam os deuses, que sempre se manifestavam, orientando sobre assuntos diversos. A deusa da névoa azulada também se manifestava, juntamente com outra entidade. Os negros os chamavam de deuses, porque não tinham conhecimentos sobre os Espíritos. Kauan e Kalu participavam dessas reuniões.

No Rio de Janeiro, a família do Sr. Mário ficou abalada com as notícias da fazenda e com o aspecto de Bentinho: magro, e muito abatido. Júlio e Joana, que haviam chegado da viagem, ficaram muito tristes ao saber do que acontecera. A fazenda era a sua casa e aquele povo era a sua família. Bentinho procurou as autoridades militares para resgatar a posse das fazendas. A burocracia era grande, apesar de sua influência junto àquelas corporações. A distância era imensa o que tornava dispendioso o deslocamento do contingente militar. Assim, as providências para a reintegração de posse foram sendo adiadas.

Um dia, Júlio chamou dona Marisa e disse:

— Mãe, o Bentinho insiste em recorrer às forças militares para recuperarmos a fazenda. Se a retomarmos pela força, tudo voltará a ser como ele implantou. Os negros continuarão insatisfeitos, causando os mais variados tipos de problemas. Eu vou para a fazenda me entender com Kauan. Tenho certeza de que nos aceitarão de volta e devolverão a posse.

Dona Marisa concordou, apesar da oposição de Bentinho. Ele achava que o irmão seria expulso do mesmo modo como o fora. Joana resolveu acompanhar o marido, mesmo a contragosto de dona Marisa, que temia pela recepção que teriam na fazenda. Joana, após o casamento, sentia-se mais segura e determinada no seio daquela família.

O Sr. Mário disse à Celeste:

— Agora temos de inspirar Kauan a aceitar o Júlio na fazenda, para que as coisas voltem ao normal.

— Calma, Mário! Não há necessidade, pois o Kauan e o Júlio são companheiros da eternidade. Entre eles tudo dará certo, bem como com Kalu e Joana. Acalme-se! A tempestade já passou. Agora é só colher os frutos que você mesmo plantou no coração de seus filhos.

— Mas e o Bentinho? Eu dei a ele a mesma educação dos outros. Aliás, até mais, quando o mandei estudar em Portugal. Por que ele não consegue ver as coisas sob a ótica do amor?

— Meu querido! Quando estamos plantando, nem todas as sementes germinam. O mais importante é que, o que você plantou no coração dos seus outros filhos gerou bons frutos. O Bentinho ainda não alcançou maturidade suficiente para entender essas coisas. Mas, o tempo dele vai chegar. Deus nos mostra o caminho para chegarmos até Ele, mas alguns preferem outros, mais longos e mais difíceis. Cada um segue pelo caminho que escolhe.

Capitulo 19

Retomada da fazenda

Quando a carruagem do Júlio chegou à entrada da fazenda, foi barrada por dois vigias. Ele desceu e, quando os homens que faziam a segurança o viram, alegraram-se e o cumprimentaram com alegria.

— Joana também está aí – informou aos negros.

— Que bom! A sinhazinha também ter voltado. Vocês fizeram muita falta...

— Estamos de volta, meus amigos! Tudo voltará a ser como antes.

—Vamos avisar Kauan.

Quando Kauan ficou sabendo da chegada de Júlio e Joana, ficou muito feliz. Ele já esperava aquela atitude do amigo e se dirigiu imediatamente à entrada da fazenda. Ao se encontrar com o casal, saudou-os afetivamente.

—Vamos conversar no pátio. Chamarei Kalu, que está na casa grande.

— Não, Kauan! Vamos para a casa grande.

— Júlio, durante todo esse tempo, sua casa se manteve como o sinhozinho Bentinho deixou. Eu nunca entrei lá. Somente Kalu e as cozinheiras. Eu sabia que o sinhozinho iria voltar.

Júlio abraçou o amigo e chorou. Nessa hora, Kalu foi chegando e Joana abraçou a antiga mucama. As duas choraram também, enquanto subiam os degraus da casa grande. Sentaram-se e Kauan contou ao sinhozinho tudo o que havia acontecido, desde a sua saída.

— Kauan, meu amigo! Quero lhe agradecer por tudo. Pedir desculpas pelas atitudes de Bentinho. Quero que Kalu também me desculpe. Bentinho irá aprender com a vida, mas ele já se encontra muito arrependido e envergonhado do que fez.

— De minha parte, quero lhe entregar a fazenda do jeito que o sinhozinho deixou. Mas tenho de ouvir os escravos. Não gostaria de tomar a decisão sozinho, porque, quando resgatamos a propriedade daquela situação de guerras e violências, eles confiaram em mim e lutaram contra o Sr. Manoel e os seus capangas.

— E contra o Bentinho também – acrescentou Júlio.

Kauan não disse nada sobre esta observação. Apenas completou a sua ponderação:

— Agora à tarde, os escravos estarão retornando do trabalho e conversaremos.

— Kauan, mais cedo ou mais tarde as forças militares viriam e nos devolveriam a posse da fazenda. Sendo por iniciativa do Bentinho, ele iria querer novamente a administração da propriedade e o clima de insegurança e castigos poderia voltar. Se eles aceitarem nos devolver a fazenda, eu quero alforriar a todos e aqueles que quiserem continuar trabalhando aqui, como homens livres, poderão. Vamos buscar a viúva do Sr. Manoel e devolver-lhe a fazenda, propondo que ela também alforrie os seus escravos.

— Sinhozinho Júlio, eu acho que eles irão aceitar, porque, mesmo alforriados, encontrarão dificuldades para sobreviverem fora da fazenda. Ninguém quer pagar por serviços que são prestados gratuitamente por escravos.

Quando os negros chegaram, foram avisados da chegada de Júlio e Joana. Kauan, reunindo-os no pátio, tomou a palavra e falou:

— Meus irmãos, foi o sinhozinho Júlio que, juntamente com seu pai, implantou o sistema de divisão dos lucros conosco, para que, depois de algum tempo, nós pudéssemos nos alforriar. Com a morte do Sr. Mário, veio o sinhozinho Bentinho e desfez tudo, implantando os castigos na fazenda. Mas, com a ajuda dos deuses, conseguimos tomar a propriedade, em caráter provisório, porque, se continuarmos aqui, logo virão as forças militares e restabelecerão o comando ao sinhozinho Bentinho, e o terror voltará ainda pior, porque ele vai querer se vingar. O Sinhozinho Júlio veio propor que lhe devolvamos a fazenda e ele irá alforriar a todos. Os que quiserem continuar trabalhando na fazenda, poderão. Os que quiserem ir embora, serão livres. Aqueles que concordarem levantem as mãos.

Nesse momento, todos levantaram as mãos e Kauan continuou:

— Amanhã, vamos à casa dos pais da viúva do Sr. Manoel, para trazê-la de volta e devolver a sua fazenda. Mas somente se ela concordar em alforriar os escravos, da mesma forma como o sinhozinho Júlio fará aqui.

Todos aplaudiram e iniciaram uma festa. Os escravos buscaram seus tambores, cantaram e dançaram até altas horas, como há muito tempo não faziam. Quando a festa estava quase terminando, Júlio pediu a palavra. Agradeceu a todos e disse que, mesmo sendo tão tarde, queria que fizessem um trabalho urgente. A apreensão foi geral, fez-se um grande silêncio, até que ele explicou:

— Quero que arranquem esse tronco ainda hoje! Para que, ao amanhecer do novo dia, a fazenda Mantiqueira não acorde com essa mancha do passado.

Os negros festejaram e, com alegria, pegaram as ferramentas e arrancaram o poste do meio do pátio. Na manhã seguinte, prepararam a carruagem e partiram para a fazenda dos pais de dona Sara, viúva do Sr. Manoel. Joana e Kalu também foram, para que a senhora se sentisse à vontade. Dona Sara ficou feliz com a presença dos vizinhos e com a reintegração da fazenda, mas questionou:

— Como poderemos administrar as fazendas sem os escravos? Quem executará os trabalhos?

Júlio e Joana riram da preocupação da senhora, informando-lhe sobre os projetos da fazenda Mantiqueira. Dona Sara se despediu dos pais, apanhou o filhinho e partiram em direção à fazenda do Sr. Manoel. Quando chegaram, ela desceu da carruagem e entrou, enquanto os outros esperaram na entrada da casa. Em seguida, saiu com as mãos no rosto, chorando e dizendo que a residência estava abandonada e que todos os objetos haviam sido roubados.

Júlio esperou que a mulher se refizesse da decepção e disse:

— Dona Sara, vamos para a fazenda Mantiqueira, até que possamos dar um jeito em sua casa, para que a senhora possa voltar.

Então, ela seguiu juntamente com o filho para a fazenda Mantiqueira. Quando chegaram, Júlio chamou Kauan e disse:

— Meu amigo, saquearam a fazenda da dona Sara. Como faremos para restituí-la do roubo? Vários objetos eram de grande estima da senhora, por terem pertencido aos seus antepassados.

Kauan ficou pensativo por alguns instantes e, por fim, disse:

— Deixe comigo. Eu tenho a solução.

À tarde, quando os negros voltaram do trabalho, Kauan pediu que se reunissem no pátio e os informou sobre o que havia acontecido.

— A fazenda de dona Sara foi saqueada e seus objetos de estimação desapareceram – disse ele. — Eu sei que no momento dos conflitos todos estavam inseguros, sem saber o que iria acontecer. É natural que cada um quisesse pegar o que pudesse para, em caso de necessidade, venderem esses objetos e obterem recurso para a manutenção de suas famílias. Agora não há mais motivo para esta preocupação. Hoje à noite, uma carruagem estará estacionada do lado de fora do portão da senzala, que permanecerá aberto. Quero que devolvam os objetos de dona Sara, deixando-os dentro da carruagem, para que possamos restituí-la.

Alguns negros baixaram a cabeça, mas ninguém disse nada. No outro dia, Júlio foi pessoalmente ver o que havia na carruagem e ficou surpreso ao se deparar com tanta coisa. Chamou dona Sara para conferir seus pertences. A senhora se alegrou e disse:

— O principal está aqui. Pode ser que falte alguma coisa, mas nada de importante, nada muito significativo. Agora, já posso voltar para casa e me lembrar dos momentos que vivi com meu saudoso marido.

Joana interferiu:

— Não vá agora, dona Sara. Mandaremos arrumar suas coisas. Enquanto isso, fique conosco. Nesse período, observe como administramos a fazenda Mantiqueira e, se gostar, adote o mesmo sistema em sua propriedade.

Dona Sara concordou com a sugestão. Passados alguns dias, Júlio foi convocando os escravos e entregando-lhes a carta de alforria. Dona Sara também, com a ajuda dos vizinhos, fez a mesma coisa em sua fazenda e o clima nas duas propriedades voltou a ficar em paz.

Celeste, chamando o Sr. Mário, disse:

— Veja, meu amigo! O Bentinho pensou que dominaria tudo por intermédio da força e dos castigos, mas só conseguiu implantar o caos aqui na fazenda. O Júlio, usando a força do amor, restabeleceu a paz para todo esse povo.

O Sr. Mário apenas baixou a cabeça, demonstrando que havia concordado.

Meu querido Mário! – comentou a mentora, em tom maternal. — Agora chegou o momento de saber muitas coisas que você desconhece. E contou a seguinte história:

Kauan e Kalu eram a reencarnação de Felipe e Clarisse, Espíritos muito amados, que não tinham conhecimento de algumas dívidas contraídas na encarnação anterior. Ofereceram-se para reencarnarem a fim de ajudarem a acabar com uma guerra entre duas tribos que disputavam as terras às margens de um lago, na África. Esse esquecimento fora necessário para que se sentissem voluntários, e não devedores que vinham resgatar débitos, dando um caráter ainda mais nobre às suas missões.

Kalu foi, no passado, uma dama chamada Sofia, que usou sua beleza para a sedução, tratando impiedosamente aqueles que por ela se apaixonavam. Por interesses financeiros, casou-se com Diogo, que atualmente estava encarnado como Rian. Mais tarde, apaixonou-se por Leonardo, antiga encarnação de Kauan, e os dois tramaram contra Diogo, a fim de terem o caminho livre para curtirem o seu amor. Vítima da trama da esposa e de seu amante, Diogo acabou preso por muitos anos.

Quando Diogo foi posto em liberdade, Leonardo pagou pessoas para açoitá-lo, para que ele não se aproximasse de Sofia. Ele se revoltou, acabando por matar em emboscadas os homens que o açoitaram. Passados uns tempos, Diogo desencarnou e, após um período de sofrimento no plano espiritual, voltou à Terra como escravo. Chamava-se Damião e trabalhava em uma mina de ouro na região de Ouro Preto, em Minas Gerais. Um dia, achou umas pepitas de ouro e fugiu, tencionando vendê-las no Rio de Janeiro, para tentar se alforriar.

Havia fugido da mina, aproveitando-se de um momento de descuido do capataz, atingindo-o mortalmente com uma ferramenta. Quando deram pela falta do negro, imediatamente os capitães do mato partiram em seu encalço. Damião, prevendo a perseguição, tomou o caminho onde a descida da serra era mais íngreme. Ele conhecia como ninguém aqueles caminhos, procurando os desfiladeiros, onde poderia se proteger. Dois cães o alcançaram num local de difícil aceso, onde não se podia chegar a cavalo. Os capitães do mato desciam a pé, quando um dos cães rolou desfiladeiro abaixo, indo se espatifar numa queda de uns cem metros de altura. Damião conseguiu atrair o outro cão para o mesmo desfiladeiro, fazendo com que ele também caísse no precipício.

O negro planejava fazer uma emboscada para os homens, a fim de tomar-lhes as armas. Mas, percebendo o perigo, eles retornaram, pegaram os cavalos e desceram a serra pelo caminho normal. Sabiam que o Damião teria de descer e assim poderiam apanhá-lo em campo aberto. O escravo se escondeu em uma fazenda, hoje vizinha da fazenda Mantiqueira. Ali enterrou as pepitas, ao pé de um esteio da senzala. Subornou o capataz com parte do ouro para escondê-lo, mas foi traído e denunciado aos seus perseguidores. Na perseguição, Damião foi morto, deixando o ouro enterrado na senzala, sem que ninguém soubesse.

Quando Kauan estava reformando a senzala, encontrou as pepitas. Mas, esse ouro era destinado a comprar a liberdade desse escravo, que retornou à Terra no corpo de Rian. Por isso, acabou sendo usado para comprar a liberdade de Rian, quando Kauan pagou o capataz para libertá-lo, voltando à sua antiga destinação. Com essa atitude, Kauan também pagou sua dívida com seu antigo rival.

— Então, esse escravo esteve na Terra, numa encarnação intermediária, antes de voltar como Rian, irmão gêmeo de Kauan? – perguntou o Sr. Mário, impressionado com a narrativa de Celeste.

— Sim. Esse homem reencarnou logo, porque queria resgatar rapidamente o seu débito, pelo assassinato dos que o açoitaram. Mas, acabou se desviando do caminho e foi retirado da carne, para não agravar ainda mais a sua dívida. Veja, Mário, como tudo é perfeito nesse mundo de Deus. Bentinho, em sua inexperiência, proporcionou que Kauan e Kalu resgatassem o restante de seus débitos, enquanto você, Júlio e Joana contribuíram para a evolução do Bentinho, por intermédio do exemplo.

Dizendo isso, partiram novamente para a pátria espiritual. O Sr. Mário estava bem mais tranquilo, por deixar a família novamente em paz.

Capitulo 20

Destino de Rian

No dia em que foi libertado, após ter sido ameaçado de morte, Rian embrenhou-se na mata, sempre margeando o rio, pois sabia que ele passava por uma vila. Caminhou por umas duas horas até chegar ao vilarejo. A fome era intensa. Bateu em uma casa para pedir comida e uma negra o atendeu, perguntando:

— Você está fugindo de alguma fazenda, negro?

Rian não conseguia explicar porque estava ali. Afinal, contar a história seria muito difícil. Optou por mentir.

— Eu estava vindo para a vila, a serviço do meu senhor, quando procurei um atalho, o meu cavalo escorregou e caiu numa ribanceira. Eu consegui escapar e cheguei aqui a pé.

— E essas marcas de açoite em suas costas? O que aconteceu?

Rian mudou de assunto e não respondeu. A negra, percebendo que ele mentia, disse:

— Vou lhe dar um prato de comida. Coma e desapareça daqui, pois eu não quero complicações com a polícia.

Naquela época, esconder um negro fugitivo era crime e a mulher temeu acolhê-lo, mas lhe deu a comida. Rian comeu, agradeceu e saiu à procura de um lugar para passar a noite. Passando por uma casa, viu um estábulo onde se abrigavam os cavalos. Foi até lá, pegou um pouco de feno, colocou dentro de um cocho, deitou-se e passou a noite ali. Dormiu um sono pesado, acordando somente quando o sol já estava alto.

Quando se levantou, preparava-se para sair, quando chegaram dois policiais que anunciaram a prisão. O cocheiro, ao notar a presença de Rian, havia chamado a polícia. O negro foi levado para a delegacia e colocado numa cela. O delegado, quando o interrogou, viu a marca da fazenda do Sr. Milton. Percebendo que se tratava de um negro fugitivo, mandou um policial até a fazenda, perguntar se algum negro havia fugido.

Ao retornar, o policial disse que não havia fugitivos, mas que haviam dado liberdade a um escravo que apresentava doença contagiosa. Quando o delegado tomou conhecimento do fato, mandou que libertassem o negro e lavassem a cela com sabão e álcool, para desinfetar tudo.

Rian passou a perambular pelas fazendas da região à procura de trabalho, quando foi acolhido por um casal de negros forros[9], num pequeno sítio, onde se plantavam gêneros alimentícios para o sustento da casa e para serem trocados por outras mercadorias como café e açúcar.

Ele passou a trabalhar na lavoura e recebia de Ambrósio, além da comida, hospedagem e uma quantia em dinheiro que

---

[9] *Forros são negros que foram alforriados.*

Rian considerava abusivamente pequena. Às vezes, interrogava Ambrósio, tentando descobrir como ele havia conseguido sua alforria, mas o negro não contava. Certa vez, Rian disse a ele:

— Ambrósio, acho que você não tem esta carta coisa alguma. Você vive como eu, escondido por aí.

— Tenho sim, e vou lhe mostrar.

O negro entrou em casa e apanhou, em um velho móvel, uma carta que certificava a sua alforria. Rian ficou observando onde Ambrósio guardava a carta e nada falou. Aproveitando-se de um descuido do casal que o acolhera, um dia Rian pegou a carta e fugiu. Ambrósio e a esposa deram pela falta do rapaz, mas não imaginavam que ele tinha levado a carta de alforria. Só perceberam o roubo muito tempo depois, quando Rian já estava longe.

Daí para frente Rian mudou seu nome para Ambrósio, apresentando-se como forro e trabalhando periodicamente em algumas fazendas, até que chegou ao Rio de Janeiro. Ali, foi cuidador de cavalos, cocheiro e auxiliar de carpinteiro, aplicando alguns conhecimentos adquiridos com o irmão nos tempos em que estavam ainda na África. Quando era questionado, apresentava a falsa carta de alforria, furtada de Ambrósio.

Nas horas de folga, Rian passou a frequentar bares, sempre se embebedando e se envolvendo em confusões. Numa noite, conheceu uma mulher quando saía de um bar. Dirigindo-se a ela perguntou-lhe o nome.

— Eu me chamo Domícia e você?

— Meu nome é Ambrósio. Sou forro e trabalho em uma carpintaria. O que você faz aqui?

— Saí para me distrair um pouco. Eu e meu marido também somos forros e moramos em um beco, logo ali à frente.

— Quer dizer que o seu marido não sai com você?

— Não. Ele não está no Rio. Teve de viajar a trabalho, para uma cidade aqui perto.

— Como se chama mesmo? Esqueci o seu nome.

— Domícia – repetiu a negra, insinuando-se para Rian.

— Posso ir com você? Afinal, eu sou solteiro e você está só.

— Pode. Mas, temos que tomar cuidado para não sermos vistos. Se o meu marido descobrir, pode nos matar.

— Se tem certeza de que ele não está em casa, eu vou com você.

— É claro que eu tenho!

— Então, vamos.

Rian e Domícia passaram a noite juntos e o rapaz saiu pela madrugada, para não ser visto. A partir daí, sempre que o marido não estava em casa, Domícia saía à noite, encontrava-se com Rian e dormiam juntos. Em uma manhã, um vizinho viu Rian sair em atitude suspeita da casa de Domícia. Quando Sebastião, marido da infiel, chegou, o vizinho o chamou e contou o que vira.

Sebastião virou uma fera, mas não podia tomar nenhuma atitude sem confirmar o fato. Para isso, precisava armar um flagrante. Assim, chamou Domícia e disse que iria viajar naquele dia. Depois, pegou sua arma, colocou na cintura e saiu.

À noite, Domícia se encontrou com Rian e foram para a casa dela. Sebastião observava tudo, na outra esquina. Deixou que entrassem e, após algum tempo, bateu levemente na porta. Domícia abriu a porta apenas o suficiente para ver quem era. Mas o marido entrou assim mesmo. Domícia começou a falar em voz alta, chamando-o pelo nome, para que o amante ouvisse e tratasse de fugir. Quando Rian tentava pular a janela, Sebastião deu-lhe um tiro certeiro na cabeça.

O rapaz caiu em meio a uma poça de sangue. Sentiu uma dor horrível na cabeça e uma grande tontura. Teve vontade de correr, mas os membros não mais lhe obedeciam. Seres espirituais se aproximavam sob as mais horríveis formas, dando risadas de prazer. Neste instante, Rian se viu frente a frente com o seu perseguidor. Tentou escapar, mas parecia que fortes correntes o prendiam a ele, que lhe dirigia impropérios.

— É, meu amigo! Agora estamos juntos. Quero vê-lo festejar, como fazia enquanto assava as minhas carnes na fogueira. Vamos, levante-se!

Mas, Rian não podia se levantar. Estava preso ao corpo inerte. Neste momento, travou-se uma luta tremenda entre ele e os Espíritos perseguidores que, por fim, conseguiram arrancá-lo do corpo, arrastando-o para um lugar sombrio, fétido e frio, onde reinavam o ódio, a miséria e a vingança.

Capitulo 21

De volta às origens

A paz e a prosperidade haviam voltado àquelas fazendas. Júlio havia contratado outro capataz e, juntos, estavam empenhados em definir um salário para os antigos escravos. A família de Jerônimo passou a receber também auxílio para continuarem tocando suas vidas. As lavouras de cana de açúcar, que haviam sido substituídas pela produção de alimentos, continuaram em alta e eram divididas entre a casa grande e os antigos escravos, no sistema de meação.

Júlio mandou a carruagem ao Rio de Janeiro para buscar sua família. Somente Bentinho não quis retornar, pois, além de não haver clima para retomar a convivência com os escravos, havia reassumido o trabalho no escritório e reatado o noivado com Luiza. Quando a família chegou houve festa, pois os negros voltaram ao hábito das cantorias e das danças no pátio, principalmente nas noites de sábado.

Tiago, noivo de Rosinha, estava admirado de ver uma comunidade tão harmônica e feliz. Aproveitando as festividades, oficializou o noivado, pedindo também o consentimento de Júlio e Joana, que foram convidados para testemunhas do casamento, que se realizou na fazenda, tempos depois. Rosinha e Tiago retornaram para o Rio de Janeiro e passaram a morar na casa de dona Marisa.

Kauan voltou a trabalhar nas fazendas vizinhas, mas agora recebia o salário diretamente dos fazendeiros para os quais prestava serviços. Certa manhã, Joana acordou fazendo vômitos e se dizendo indisposta, sem vontade de se alimentar. Berta disse:

— Está chegando um neném por aqui!

Dias depois, estava confirmado. Joana estava grávida. Todos festejaram a gravidez da patroinha. Quando o neném nasceu, deram-lhe o nome de Pedro. Kalu redobrou os cuidados à amiga, mas sempre com uma tristeza no olhar e comentou:

— Kalu, eu sinto que você tem uma tristeza oculta. Conte-me o que é. Não confia em mim?

— Ah minha amiga... – suspirou a outra. — são saudades da minha pátria, da minha gente! Os deuses ainda não me deram uma criança para alegrar a minha vida e de meu marido.

Passaram-se os tempos. Pedrinho já fazia peripécias pela casa. A fazenda prosperava e os lucros aumentavam. Uma noite, Joana e Júlio conversavam no quarto, quando a mulher disse:

— Júlio, eu estive pensando, Kalu e Kauan estão mais tristes a cada dia que passa. Deus não lhes deu uma criança para alegrar suas vidas. Eles foram todo esse tempo como irmãos para nós. Vamos lhes dar um presente?

— O que é Joana? Fale!

— Vamos lhes dar o dinheiro das passagens de retorno para a África?

— Se eles quiserem, meu amor! Eu acho justo.

— Então, vamos chamá-los e dar-lhes a notícia.

Estavam todos reunidos na sala da casa grande, quando Júlio, colocando um ar solene em sua fala disse:

— Kauan e Kalu! Reconhecendo a fidelidade de vocês para com todos nós e a amizade que nos uniu, nossa família quer lhes oferecer um presente. Vocês têm saudades da sua terra natal?

Kalu foi quem respondeu:

— Sim, sinhozinho! A saudade é imensa! É isto que impede que a nossa felicidade seja completa.

— Então, apesar de ficarmos muito tristes pela separação, vamos lhes oferecer as passagens para a África.

Kalu pulou nos braços dos amigos, gritando de felicidade e Kauan chorava como criança. Júlio e Joana também choravam emocionados, pela alegria dos amigos. Assim permaneceram, até que se refizessem da emoção.

— A felicidade só não é maior por nos separarmos de vocês – disse Kalu. — Mas, nossa vida sempre foi um eterno partir. Sempre estamos deixando para trás as nossas conquistas e aqueles a quem aprendemos a amar.

— Kalu, Deus irá nos proporcionar a alegria de nos reencontrarmos um dia. Ele seria injusto se criasse amizades e amores tão grandes que ficassem reduzidos apenas a uma existência. Certamente nos encontraremos, onde não haverá necessidade de uns dominarem os outros, onde não existirão senhores nem escravos, somente a felicidade e o amor – comentou Joana, altamente inspirada.

Enquanto ela falava aquelas palavras proféticas, a névoa azulada enchia a sala. Era Celeste, envolvendo as quatro almas que, heroicamente se ofereceram para interromper uma sequência de conflitos que só estimulava o ódio e a vingança.

Chegava o dia de Kauan e Kalu partirem. Na noite anterior, passaram nas casas dos ex-companheiros de escravidão e, em todas, as lágrimas correram para se despedirem. Naquela noite, entoaram canções tristes e não houve danças. Kauan e Kalu sentiam a alegria de retornarem, mas seus corações estavam apertados por deixarem tantos amigos.

O navio partiu do porto do Rio de Janeiro. Kalu se lembrava do dia em que se jogara aos pés de Sr. Mário, implorando a ele que comprasse Kauan, para que não se separassem. Fez uma prece agradecendo a nobreza daquele homem. Foi com um nó na garganta que embarcaram no navio. O Brasil se tornara a segunda pátria. Passaram por dificuldades. Kauan se lembrou de quando decidiu tomar as fazendas e do dia em que fora açoitado no tronco. Sentiu novamente a emoção que sentira quando sorriu, semimorto, nos braços de Kalu. Notou que tirava um peso das costas e sorriu novamente, orgulhoso de ter vencido a prova. Envolvidos em suas emocionadas reflexões, ficaram observando as terras brasileiras sumirem no horizonte.

Ao chegarem à nação do lago, Kauan e Kalu logo procuraram saber sobre os pais queridos que haviam ficado para trás. Foram informados de que tinham morrido enquanto eles estavam no Brasil. Kalu colheu flores no jardim de sua antiga casa e as depositou nos túmulos dos pais e dos sogros. Lá, choraram, pedindo aos deuses que os recebessem no plano espiritual. Choravam também a perda da esperança alimentada durante a viagem, quando faziam planos para reencontrarem os entes queridos, dos quais haviam sido privados da convivência. Mas, apesar das perdas, precisavam continuar vivendo.

Luana e Henrique não perdiam as esperanças de reverem a filha e o genro, porque confiavam nas palavras de pai Zulu, quando o velho dizia que os dois ainda voltariam à nação do lago. Os pais de Kauan também sempre esperaram pela volta dos filhos e de Kalu, assim como todo o povo daquela aldeia.

— Vamos, Henrique, às margens do lago. Lá, eu tenho a sensação de que vejo Kalu, juntamente com Kauan. Eles amavam aquele lago – dizia Luana, entre lágrimas, preocupada com as dificuldades que os dois poderiam estar enfrentando em terras distantes.

Os tempos passaram. A idade dos dois casais avançava e, ainda com esperança de rever os filhos, desencarnaram.

O casal foi recebido com festa por seu povo. O rei e a rainha receberam-nos com honras reais.

— Kauan e Kalu, vocês retornaram para o lugar que sempre foi de vocês. Amanhã, prepararemos a cerimônia para o coroamento. É a vontade do povo – disse o novo rei da nação do lago.

— Não! Se vocês souberam conduzir o nosso povo até agora, devem continuar. Estaremos ao lado de vocês, auxiliando-os – disse Kauan.

Após Rian ter saído do comando da tribo, a paz voltara a reinar. A tribo voltou a ser feliz e todos se encontravam satisfeitos, pois não viviam mais oprimidos e subjugados pela tirania de um ditador. Tudo acontecia em harmonia e de acordo com as tradições e costumes, que eram passados para jovens e crianças.

Buscavam na natureza a sobrevivência, mas sem as disputas que existiam antes da unificação das tribos. Preocupavam-se não só com o sustento da família, mas também com a preservação do meio ambiente, para que nunca lhes faltassem alimentos. Dessa forma, as matas e a fauna foram se renovando e a região do lago se tornou ainda mais fértil e bonita.

No plano espiritual, os trabalhadores da Colônia do Triunfo comemoravam a paz e o fim das guerras. Os Espíritos não mais chegavam revoltados, com o desencarne provocado pela crueldade das batalhas. Muitos haviam se perdoado mutuamente e não mais obsedavam seus algozes, passando a trabalhar no bem e inspirando aos encarnados ideias de progresso, paz e caridade.

Passaram-se os dias, Kauan e Kalu encontravam novas emoções. Retornaram às margens do lago, onde tudo começara. Reviram as borboletas. Kalu se emocionou e disse:

— Kauan, um dia eu estava às margens de uma lagoa, na fazenda Mantiqueira. Quando observava as borboletas, não via o mesmo encanto que vejo aqui, em nosso lago. Você se lembra daquela vez em que nos deixamos dominar pelo desejo e eu disse a você que deveríamos nos controlar, para não estragarmos a emoção da nossa primeira noite?

— Sim, meu amor! Como poderia me esquecer?

— Eu fiquei temerosa de que você não entendesse a minha atitude. Alguma coisa me dizia que os deuses iriam nos proporcionar a oportunidade de nos amarmos aqui, às margens do lago. Cheguei a pensar que nunca mais voltaríamos. Entretanto, aqui estamos de volta, contemplando novamente o nosso lago, as nossas borboletas...

— E hoje? Você vai novamente controlar os desejos? – perguntou Kauan, com uma pontinha de malícia na voz.

Ela não precisou responder. Ali mesmo, na areia, amaram-se sem reservas, deixando fluir as emoções que comandavam os seus corações naquele momento tão especial.

Logo que retornou à África, Kauan procurara saber de pai Zulu e fora informado de que o velho havia falecido há algum tempo. Mas que, antes de morrer, havia dito as seguintes palavras:

— Meus filhos! Esse velho aqui vai partir para sempre. Mas os filhos queridos da nação do lago irão voltar e ainda viverão muitos anos de felicidades junto ao nosso povo.

Kauan e Kalu se emocionaram, ouvindo aquele relato profético. Afinal, ali estavam de volta e realmente viveram muitos anos de alegrias, junto ao seu povo.

Somente muito tempo mais tarde, chegou o dia de Kalu partir. Estava deitada em uma rede, tendo Kauan ao seu lado. O coração batia fraco, até que, serenamente, expirou.

Lá estava Celeste, o Sr. Mário, Josefa e todos os tutelados da grande mentora para recepcioná-la. Enquanto deixava o corpo, feixes luminosos, provindos das mãos dos amigos espirituais, formavam uma rede de luz que lentamente conduziam o Espírito Kalu para as esferas mais sutis do universo. Antes de partir, Kalu, ainda sorrindo, mandou um beijo ao amado que chorava à beira da rede.

Após algum tempo, era Kauan que partia também amparado pelos amigos espirituais, e se reencontrava com a amada, que o esperava de braços abertos na Colônia do Triunfo.

Epílogo

Termina aqui uma missão iniciada no plano espiritual, sob a supervisão de Celeste. Quando Espíritos missionários desceram à crosta para inspirarem os que se debatiam entre as teias da ambição e do ódio, guiados por lendas que estimulavam o canibalismo, perpetuando a corrente do mal. Não conseguindo interromper o processo, decidiram vestir as indumentárias da carne para que, por intermédio do amor nascido na eternidade, irmãos pudessem, no porvir, desfrutar de um bem querer de eras remotas.

Assim, uma relação conflituosa, com raízes no passado, passa a usufruir o amor também nascido em eras antigas. Kauan e Kalu, que tinham resgates a cumprir, saldaram seus débitos com a ajuda de Espíritos, cujo amor provém da eternidade.

Por meio de exemplos concretos, Celeste apresentou ao seu tutelado princípios de amor que nortearam encarnados, ligados ao amor e ao bem. Mostrou que ações de amor podem mudar o curso de Espíritos conectados às teias do ódio e da vingança. Assim, a misericórdia de Deus proporcionou que alguns encarnados atuassem como peças de um espetáculo de ajuda mútua, conduzindo a sentimentos sublimes como a misericórdia, o amor e o perdão.

Com o sentimento do dever cumprido, nossos irmãos chegaram ao plano espiritual de forma brilhante, porque souberam conduzir os acontecimentos para o sucesso de tão importante missão. Clara, mentora desta obra, também se realizou ao trazer ao querido leitor os exemplos de amor que servirão de parâmetros e referências a nortearem suas ações e atitudes no decorrer da vida.

Esses mesmos Espíritos voltaram à carne numa história relatada no livro *"Além de uma vida"*, do mesmo autor, também publicada pela Editora Aliança e adaptada para uma peça teatral encenada pela companhia "Ponto com arte".

Assim, nossa mentora deu mais um passo em direção à nobre missão de semear a Doutrina do amor, de acordo com a sublime mensagem que ela mesma nos trouxe:

"O semeador que não lança a sua semente carrega, no plano espiritual, fardo pesado até que surjam novas oportunidades de semeadura."

Fim

Fracisco Cândido Xavier

Aliança

Gênero: Disserações
14 x 21 cm | 192 páginas

Uma biografia fidedigna da Mãe de Jesus, contendo alguns "flashes" das atividades de Maria na espiritualidade e poemas retratando Nossa Senhora.

Saara Nousiainen

Gênero: Espiritismo
11,5 x 14,5 cm | 208 páginas

Tudo sobre o mundo espiritual e seu interrelacionamento conosco, nos milenares processos evolutivos do ser humano e da vida. Os ensinamentos de Jesus sob nova ótica e muitas outras questões.

Nelson Moraes

Gênero: Romance
14x 21 cm | 128 páginas

Roqueiro famoso, surpreendido pela morte prematura causada pelo uso abusivo de álcool e de drogas, se vê diante de uma realidade que jamais imaginara.

Campanha de Preservação da Vida

EDITORA ALIANÇA

Tema: ABORTO

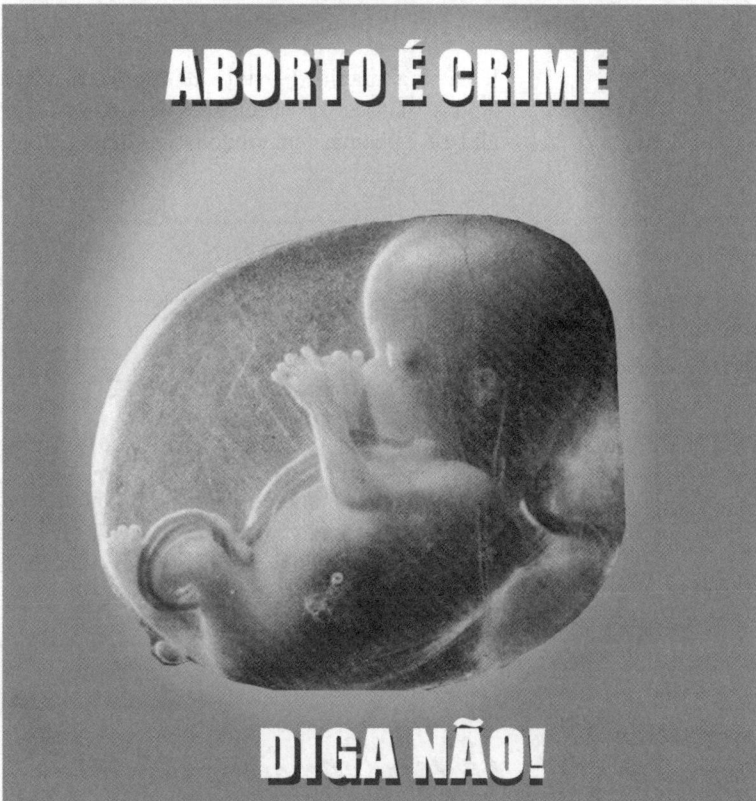

O Livro dos Espíritos, Allan Kardec - questão 358:

Pergunta: *O aborto provocado é um crime, qualquer que seja a sua concepção?*

Resposta dos Espíritos: *Há sempre crime quando se transgride a lei de Deus. A mãe ou qualquer pessoa cometerá sempre um crime ao tirar a vida de uma criança antes do seu nascimento, porque isso é impedir a alma de passar pelas provas de que o corpo devia ser instrumento.*